6,843

MEMOIRE

POUR Dame Marie-Dorothée de Fleckenſtein, Veuve de Meſſire Volffgard-Henry de Goelnitz, & Conſors, Heritiers immediats & mediats de défunt Meſſire Henry-Jacques Baron de Fleckenſtein leur Pere & Ayeul, dernier Mâle de la Maiſon de Fleckenſtein, Demandereſſes & Défendereſſes.

CONTRE Meſſire Hercules Meriadec, Prince de Rohan, Défendeur & Demandeur.

ET contre Meſſire Albert-Erneſt Prince d'Oëtinguen, Intervenant & Demandeur.

LA Conteſtation d'entre les Parties eſt importante. Monſieur le Prince de Rohan pretend tous les Biens Nobles de la Maiſon de Fleckenſtein, relevans de Sa Majeſté. Monſieur le Prince d'Oëtinguen en demande une partie. Les Demandereſſes Heritieres de cette illuſtre Maiſon, veulent ſe conſerver ce que le Sang & la Nature leur ont donné. C'eſt l'idée generale du Procès.

Ces Biens Nobles peuvent valoir environ 15000 livres de Rente. M. le Prince de Rohan ſe fonde ſur un Don qu'il en a obtenu du feu Roy. M. le Prince d'Oëtinguen pretend qu'onze Villages qui relevent,

A

dit-il, du Comté d'Oëtinguen, y doivent eſtre reünis. Les Demandereſſes ſoûtiennent que tout leur appartient à titre de Succeſſion. C'eſt ce qu'il faut diſcuter.

Le Procès a commencé au Conſeil Superieur d'Alſace; il a plû au Roy de *l'évoquer à ſoy & à ſon Conſeil*. Les Demandereſſes perſuadées que rien ne ſçauroit échaper aux lumieres de ceux qui ſont commis pour l'examiner, eſperent qu'on leur y rendra la juſtice qui leur eſt dûë.

Dans cette juſte confiance, elles s'attacheront uniquement dans ce Memoire à ſimplifier la Conteſtation; elles en écarteront quantité de Queſtions inutiles, dont elle ſe trouve embarraſſée. Elles n'avanceront que des Faits ou prouvez, ou ſi évidens, qu'il ne ſera pas permis de les revoquer en doute : enfin, elles n'y diront rien qui ne ſoit établi ſur des Titres autentiques, ou ſur des Autoritez auxquelles il n'eſt pas permis de reſiſter.

F A I T.

La Maiſon de Fleckenſtein dans la Baſſe Alſace, eſt d'une très-ancienne Nobleſſe. Un Henry de Fleckenſtein aſſiſta en 942 à un Tournoy celebre en la Ville de Rothembourg en Franconie, & y fut élû *Roy du Tournoy*. Les Auteurs remarquent qu'il y parut *ſous l'Enſeigne du Cigne*. Il eſt évident qu'il eſtoit d'un rang diſtingué, puiſque la Nobleſſe du Rhin, (cette Nobleſſe ſi jalouſe de ſes Prerogatives & de ſa Qualité) ſe ſoûmit aux Loix qu'elle luy donna pouvóir de luy preſcrire.

Il poſſedoit des Terres conſiderables. Le Château & la Montagne de Fleckenſtein, qui portoient le nom de la Famille, eſtoient de ce nombre. Elles eſtoient toutes *Allodiales*, & par conſequent Hereditaires; & on ne peut le revoquer en doute, par deux raiſons. La premiere, qu'on ne voit rien au Procès qui établiſſe qu'elles ne l'eſtoient pas. La ſeconde, qu'en Allemagne tous les Biens Nobles ſont preſumez *Allodiaux*, juſqu'à ce qu'on ait prouvé le contraire. *(a)*

Cette Famille dans le treiziéme Siecle ſe diviſa en deux Branches. Un Henry de Fleckenſtein avoit deux Enfans, Rodolphe & Frederic. Rodolphe fut le Chef de la *Branche Rudolphine*, qu'on a toûjours appellée la *Branche des Barons;* & Frederic fut Chef de la *Fredericienne*, qu'on appelloit la *Branche des Nobles*.

Ces deux Branches ſorties de même Tronc, conſerverent en commun la Proprieté & la Poſſeſſion de tous leurs Biens Allodiaux & Feodaux. Il paroît neanmoins par les Pieces produites, qu'elles en

---

(a) Donec res probata ſit Feudalis, Filiæ atque Hæredes Allodiales in poſſeſſione manent 2°. *Feud. cap.* 26. §. 1°.

Nec Vaſſallus Titulum poſſeſſionis edere tenetur, donec Dominus probaverit rem eſſe Feudalem. *Carpzovius, Strykius, Schilterus, Roſental, Meſinger, Gail, & plures alii.*

firent un *Partage* en 1354 ; mais ce *Partage* les mettant en liberté de difposer feparément de leurs Biens partagés, cette liberté fut *revoquée*, de leur confentement reciproque, par un *Pacte de Famille*, daté du jour de Saint Egide (de Saint Gilles) 1363, lequel *annullant le Partage*, par rapport à la faculté dont on vient de parler, & le laiffant fubfifter par rapport à la poffeffion, porte, que les *Biens des deux Branches refteront en commun, pour en joüir par les Sieurs de Fleckenftein & par leurs Heritiers en veritable communion.* Enfin, en 1550 *Henry, Jean & Georges* Freres de Fleckenftein, *Barons de Dachftul*, de la Branche Rudolphine, *comme auffi Frederic l'aîné, Frederic le jeune, Philippe & Jacques, tous Freres & Coufins de Fleckenftein*, de la Branche Fredericienne, craignans dans la fuite *l'appauvriffement & le declin de leur Famille*, s'adrefferent à l'Empereur Charles Quint, qui par fes Lettres Patentes du 28 Aouft 1550, voulut bien, à leur priere, *confentir au Partage* des Fiefs relevans de l'Empire, *fait en 1363 par ceux de Fleckenftein, le confirma dans toutes fes Claufes*, & ordonna que *tous les Fiefs qu'eux & leurs Ancêtres avoient poffedé en commun au temps qu'ils eftoient convenus de la divifion, & qu'ils auroient ou pourroient encore partager dans la fuite, avenant l'extinction d'une des deux Branches fans Heritiers Feodaux, pafferoient neanmoins à l'autre Branche, de même que fi lefdits Fiefs eftoient encore en commun, & appartiendroient à leurs legitimes Heritiers Feodaux & Succeffeurs fans empêchement.*

En confequence de ces Actes, de ces *Pactes de Famille*, confirmés par l'Empereur, & qui ont toûjours fervi de Loy entre ceux de la Maifon de Fleckenftein, la *Branche Rudolphine* ou *des Barons* ayant manqué en 1644, par la mort de Georges de Fleckenftein, qui mourut fans Enfans ; Georges-Henry & Jacques de Fleckenftein Freres, de la *Branche Fredericienne*, furent *inveftis* par l'Empereur Ferdinand III. de tous les Fiefs dont joüiffoit l'autre Branche.

Georges-Henry mourut fans pofterité ; Jacques fon Frere eut un Fils, appellé Henry-Jacques, qui eut quatre Enfans, Frederic-Jacques, Marie-Dorothée, Marie-Madelaine, & Julienne-Sidonie de Fleckenftein.

Frederic-Jacques n'eut qu'une Fille, mariée à Meffire Philippe-Ferdinand-Jean de Mandelsheim.

Les trois Filles de Henry-Jacques ont époufé les Sieurs de Goelnitz, de Geiling d'Altheim, & Vitzethum d'Egerfberg, & font par elles ou par leurs Enfans Parties au Procès.

M. le Cardinal de Rohan ayant efté nommé Evêque de Strafbourg, crut devoir procurer à fa Famille un Etabliffement confiderable en Alface.

Les Biens de la Maifon de Fleckenftein fe trouverent à fa bienfeance ; il ne reftoit de cette Famille, comme on l'a déja dit, que Henry-Jacques de Fleckenftein, qui eftoit dans un âge très-avancé, & Frederic-Jacques fon Fils unique, qui ne donnoit aucune efperance d'avoir des Enfans Mâles : il leur fit entendre qu'une partie de leurs Biens Nobles estans Fiefs Masculins, & devans après leur mort retourner au Roy, comme Seigneur Suzerain, il leur auroit obligation, s'ils vouloient bien consentir dès-lors qu'il en demandât au Roy *l'Expectative* (*b*) pour le Prince de Rohan son Frere. M. le Cardinal de Rohan ne vouloit, disoit-il, que les Fiefs Masculins & reversibles ; cela ne faisoit aucun tort aux Sieurs de Fleckenstein Pere & Fils. Ils donnerent leur *Consentement* par écrit le 28 Juin 1706. Sur ce *Consentement* M. le Prince de Rohan obtint du feu Roy le 27 Juillet audit an, le *Don de tous les Fiefs relevans de Sa Majesté, dont joüissoient lesdits Sieurs de Fleckenstein,* & *l'Expectative* luy en fut expediée au mois de Septembre suivant.

En 1710 Frederic-Jacques de Fleckenstein Fils mourut sans Enfans Mâles ; & Henry-Jacques son Pere, âgé d'environ soixante-quatorze ans, resta seul de la Famille.

M. le Prince de Rohan crut pour lors devoir s'assurer davantage le Don qui luy avoit esté fait. Il n'avoit qu'une *Expectative*, elle pouvoit devenir inutile ; on voulut s'assurer, en obtenant une *Investiture simultanée* (*c*) de ces Fiefs. Il falloit le consentement de Henry-Jacques de Fleckenstein, on le luy demanda, il offrit de le donner ; mais comme M. le Prince de Rohan, sans le consulter, avoit fait dans *l'Expectative* de 1706 une énumeration des Fiefs de la Maison de Fleckenstein, & qu'il y avoit compris non seulement ceux qui pouvoient estre Masculin & reversibles, mais encore les Biens Allodiaux & les Fiefs Feminins & Hereditaires, qui appartenoient incontestablement aux Heritiers dudit feu Sieur de Fleckenstein ; qu'enfin, le peu d'ordre où estoient les Tittres de la Famille, ne permettoit pas qu'on pût examiner pour lors la nature & les differentes especes des Biens & des Fiefs dont il s'agissoit ; il fut passé entre le Prince de Rohan & Henry Jacques de Fleckenstein un Traité le 14 Janvier 1711, par lequel *M. le Prince de Rohan consentit,* entre autres choses, *que les Heritiers du Sang du feu Sieur de Fleckenstein joüiroient après sa mort des revenus d'une année de tous les Fiefs, au-delà du temps prescrit par les Loix Feodales,* & declara precisément *que ni luy ni ses Descendans ne pretendroient rien,* & *n'auroient rien dans les Biens Allodiaux, non plus que dans les Fiefs Feminins* & *Hereditaires dudit feu Sieur de Fleckenstein, tous lesquels demeureroient aux Heritiers, pour estre partagez entre eux ainsi qu'il appartiendroit.*

En consequence de ce Traité qui reduit le Droit de M. le Prince de Rohan dans ses veritables bornes, le feu Sieur Baron de Fleckenstein demanda conjointement avec M. le Prince de Rohan que celui-ci luy fût *associé,* & fût *investi conjointement* & *simultanement avec luy,*

(*b*) L'Expectative est une Survivance, qu'on demande pour s'assurer le Fief après la mort de celuy qui en joüit, & qui n'a lieu qu'en cas qu'il meure sans Enfans.
(*c*) L'Investiture simultanée est un Brevet par lequel le Seigneur Dominant donne le Fief pour en joüir conjointement avec celuy auquel on doit succeder, lequel en retient neanmoins tous les Droits utiles sa vie durant.

des

des Fiefs qui devoient par fa mort luy appartenir.

Cette *Inveſtiture ſimultanée* eſt du mois de Fevrier 1712.

On examina dans la ſuite & l'on voulut faire connoître à M. le Prince de Rohan quels eſtoient les Biens qui pouvoient tomber dans le cas de ſon *Inveſtiture ſimultanée*, & ceux auxquels par le Traité du 14 Janvier 1711 il avoit luy-même declaré qu'il ne pretendoit rien, c'eſt-à-dire, ceux qui pouvoient eſtre reverſibles au Roy, & ceux qui devoient appartenir aux Deſcendans dudit feu Sieur de Fleckenſtein.

Mais M. le Prince de Rohan, ou plûtôt ſes Gens d'Affaires, ne cherchans qu'à gagner du temps; le Baron de Fleckenſtein qui ſouhaitoit ardemment de ne point laiſſer à ſes Deſcendans un Procès contre la Maiſon de Rohan, ſe pourvût à Sa Majeſté, & la ſupplia de commettre des Conſeillers du Conſeil Superieur d'Alſace, pour faire inceſſamment la diſtinction & la ſeparation des Fiefs Maſculins de la Maiſon de Fleckenſtein d'avec ceux qui ne l'eſtoient pas, pour connoître ceux qui devoient appartenir dans la ſuite au Prince de Rohan.

Sur cette Requeſte qui fut communiquée à M. le Prince de Rohan, Sa Majeſté par Arreſt du 19 May 1716, ordonna que *par les Officiers du Conſeil Superieur d'Alſace, il ſeroit procedé à l'examen, diſtinction, & ſeparation des Fiefs Maſculins de la Maiſon de Fleckenſtein d'avec les Feminins & Hereditaires, à l'effet de quoy le Baron de Fleckenſtein ſeroit tenu de remettre au Greffe dudit Conſeil ſes Titres & Documens, pour y eſtre vûs & contredits par le Sieur Procureur General, & y eſtre jugé ſi ces Titres & Documens eſtoient en leur entier.*

Cet Arreſt ayant eſté ſignifié à M. le Procureur General, & ces Titres & Documens ayant eſté remis, l'Affaire fut reglée en 1717, entre le Sieur Baron de Fleckenſtein & le Sieur Procureur General; les Filles & les Petites filles du Baron de Fleckenſtein s'y firent recevoir en 1719 *Parties Intervenantes*, & y demanderent que tous les Biens Allodiaux, & tous les Feminins & Hereditaires leur demeuraſſent incommutablement après le decès de leur Pere & de leur Ayeul.

Le Baron de Fleckenſtein mourut en 1720.

Après ſa mort M. le Prince de Rohan, qui depuis 1716 n'agiſſoit que ſous le nom de M. le Procureur General, *intervint* au Procès par Requeſte du 15 Mars 1721, ſur laquelle les Parties furent *reglées & jointes à l'Inſtance.*

M. le Prince d'Oëtinguen prétendant qu'onze Villages ſituez dans le *Rieth* eſtoient des Fiefs Maſculins reverſibles au Comté d'Oëtinguen, ſe fit auſſi recevoir Partie en ce Procès.

M. le Prince de Rohan qui le faiſoit durer depuis cinq ans, qui connoiſſoit parfaitement que la deciſion ne luy en ſeroit pas ſi avantageuſe qu'il ſe l'eſtoit imaginé, & qui ne cherchoit qu'à ſe mettre en poſſeſſion de tous les Fiefs relevans de Sa Majeſté, pour en joüir pendant tout le temps que dureroit la Conteſtation, s'adreſſa au Bailly de la Baronnie de Fleckenſtein, & ſurprit de luy un *Decret* attenta-toire qui luy adjugea la Proviſion qu'il avoit demandée.

Les Demandereſſes ſe pourvûrent auſſi-tôt à Colmar, & y deman-derent à *reſter en poſſeſſion de leurs Biens pendant le Procès ;* cela leur fut accordé par Arreſt du 18 Decembre 1721. M. le Prince de Rohan y forma *Oppoſition*, & il en fut *debouté* par un Arreſt Contradictoire du 20 Mars 1722, qui *caſſa le Decret nul & inſoûtenable du Bailly de Fleckenſtein, & maintint les Demandereſſes en la joüiſſance des Fruits & Revenus des Fiefs Contentieux.*

M. le Prince de Rohan ne fut pas content de la juſtice que le Con-ſeil Superieur d'Alſace leur avoit renduë, il obtint au Conſeil un Arreſt le 8 Juillet 1722, qui, en *évoquant le fond* de la Conteſtation, *renvoya les Parties devant M. Dangervilliers Intendant en Alſace, pour les entendre, dreſſer Procès-verbal de leurs Dires & Conteſta-tions, & donner ſon Avis ; lequel vû & rapporté au Conſeil, ſeroit or-donné ce que de raiſon.*

En execution de cet Arreſt, les Parties ont *écrit* & *produit* devant M. Dangervilliers.

Les Filles & les Petites filles du feu Sieur de Fleckenſtein y ont demandé à eſtre maintenuës dans les Biens Allodiaux, & dans les Fiefs Feminins & Hereditaires dont joüiſſoit Henry-Jacques de Flecken-ſtein au jour de ſon decès.

M. le Prince de Rohan oubliant qu'en 1711 il avoit declaré qu'il ne *pretendoit rien dans ces Biens & dans ces Fiefs*, demande ſans diſ-tinction non ſeulement tous ceux dont joüiſſoit le feu Sieur de Flec-kenſtein, mais encore ceux dont il n'a jamais joüy.

M. le Prince d'Oëtinguen pretend ſeulement onze Villages qu'il dit avoir eſté donnez en Fief par ſes Auteurs Comtes d'Oëtinguen à la charge de Reverſion.

Ce ſont ces differentes pretentions qu'il s'agit aujourd'huy d'exa-miner.

Elles ſe reduiſent principalement à des queſtions de Fait, c'eſt-à-dire, à ſçavoir ſi les Fiefs dont il s'agit ſont Maſculins & reverſibles, ou ſi ce ſont des Biens Allodiaux & des Fiefs Feminins & Hereditaires.

S'ils ſont tous Fiefs *Maſculins* & *reverſibles*, les Demandereſſes n'y ont rien ; & en ce cas, M. le Prince de Rohan eſt en droit de s'en mettre en pleine poſſeſſion, en le faiſant ordonner avec M. le Prince d'Oëtinguen, par rapport aux onze Villages, dont il pretend la Suze-raineté.

Si ces Biens ſont Allodiaux, ou Fiefs Feminins & Hereditaires, ils appartiennent ſans conteſtation aux Heritiers Fleckenſtein ; & cela doit faire d'autant moins de difficulté, que M. le Prince de Rohan qui eſt le plus intereſſé dans la Cauſe, a declaré formellement dans le Traité fait entre luy & le feu Sieur Baron de Fleckenſtein le 14 Jan-vier 1711, & dans les Ecritures qu'il a fournies, *qu'il ne prétendoit rien dans* les Biens Allodiaux, & dans les Fiefs Feminins & Hereditaires.

Il ne faut donc s'attacher qu'à connoître la nature & la qualité de ces Fiefs.

Pour le faire plus facilement, les Demanderesses les ont divisez en trois Classes, non qu'ils soient de nature ou de qualité differentes, puisqu'on fait voir qu'ils sont tous transmissibles aux Filles, mais parce qu'il y a des Titres particuliers à chaque Classe.

La premiere est composée des Biens échûs en 1644 à la Branche Fredericienne, par le decès de Georges de Fleckenstein dernier Mâle de la Branche Rudolphine ; ils consistent,

1°. En onze Villages du *Rieth*, appellez Roppenheim, Fortsfelden, Sesenheim, Runsheim, Stackmart, d'Alhunden, Avenheim, Denckelsheim, Kauchenheim, Gisenheim, Roschwag, avec les Droits de Justice & autres en dépendans.

2°. Au Fief Castrense d'Haguenau, au Château & Village de Veiterviler qui y furent ajoûtez, & en ce qui fut donné par augmentation de ce Fief Castrense : on l'expliquera ci-après.

M. le Prince de Rohan, dans sa Requeste du 26 Juin 1723, fait trois Classes de cette premiere; & pour grossir les objets, pretend tous les Biens qui sont compris dans l'Investiture des onze Villages du Rieth, le Fief Castrense d'Haguenau, & tout ce qui fut donné en augmentation de ce Fief Castrense.

La seconde Classe, que M. le Prince de Rohan appelle la quatriéme comprend le Château de Fleckenstein, & la Montagne sur laquelle il est situé, la quatriéme partie du Château de Hunebourg, l'Avocatie Superieure, & la Haute Justice des Villages de Sarbourg & Gunflech, Oberckoutzenhausen, Niederraden, Oberlaubach, Eberbach, Vintzenbach & Kretwiller ; plus le Village de Mulhauffen, avec les Droits de la Justice, & autres appartenances & dépendances.

Et la derniere Classe, consiste en des Biens, Droits & Rentes à Barr, qui consistent en un seul Foudre de Vin, & par consequent de peu de consequence.

Les Demanderesses reprendront dans la suite separément tous ces Biens ; elles feront voir que tout ce que possedoit le Sieur de Fleckenstein au jour de sa mort est Allodial, Feminin & Hereditaire ; mais avant d'entrer dans une pareille discussion, il est à propos d'établir quelques Principes qui doivent servir à la decision de la Cause.

PRINCIPES GENERAUX.

Les Biens Nobles sont de deux sortes, Allodiaux ou Feodaux. Les Allodiaux, que quelques Auteurs ont appellé assez improprement Fiefs au Soleil : *Feudum solare, Feudum solis, vel sub sole, quod à nemine quam à Deo, sive sole quem antiqui pro Deo coluerunt recognoscitur. Rhe-*

tius, Strykius, Bruckmannus ; font des Biens qui nous appartiennent en pleine proprieté. (*d*)

Tous les Biens font prefumez Allodiaux, jufqu'à ce qu'on ait prouvé le contraire ; tellement que lorfqu'il fe rencontre quelque Conteftation fur la nature des Biens Fonds, que les uns foûtiennent Allodiaux, & les autres Feodaux : les Filles & les Heritiers du Défunt reftent en poffeffion des Biens pendant le Procès, & jufqu'à ce qu'il ait efté pleinement prouvé que le Bien eft Feodal, & non Allodial. (*e*)

Les Biens Feodaux font ceux dont le Vaffal n'a que le Domaine direct utile ; & ce qu'on appelle un Fief, eft un Droit de joüir d'un Bien qui a efté donné gratuitement par celuy qui en eftoit le veritable Proprietaire, fous la condition de luy en rendre la Foy & Hommage, & de le fervir dans les cas y exprimez. (*f*)

Les Fiefs fe divifent & fe fubdivifent en une infinité d'efpeces. On ne parle ici que de la divifion qui peut convenir à ce qui fait le fujet de la Conteftation.

Les Fiefs font ou *Fiefs proprement dits* : Feudum proprium, vel propriè dictum, Feudum rectum ; Ou *Fiefs impropres*, ou *obliques* : Feudum improprium, Feudum obliquum. *Strykius in Tractatu jam citato, cap.* 3. *n°.* 1.

Tous les Fiefs, tant les *Propres* que les *Impropres*, font aftraints également à la *Foy & Hommage* ; (c'eft la condition la plus effentielle, & fans laquelle ce ne feroit point un Fief. *Strykius Cap.* 2. §. 22.) à certains Devoirs reglés par les Coûtumes des Lieux ; à reconnoître à chaque mutation le Seigneur-Suzerain.

Il y a d'autres conditions qui font particulieres, naturelles & effentielles au *Fief proprement dit*, comme, par exemple, la Succeffion Mafculine, l'exclufion des Filles, la défenfe d'aliener le Fief, ni même de l'affecter & hypotequer fans le confentement du Seigneur ; la Commife. *Strykius, cap.* 3. §. 5. *& multi ibi citati.*

Le *Fief proprement dit*, eft celuy qui vient de la liberalité du Seigneur, & dont la premiere Inveftiture doit comprendre tout ce qui eft propre, naturel & effentiel au Fief, comme, par exemple, la Mafculinité, & les autres qualitez (*g*) expliquées ci-deffus ; fans quoy ce Fief ne feroit pas Fief *Propre* : Propriè dictum.

Le *Fief Impropre* n'eft point aftraint à toutes ces difpofitions, dont il fe

(*d*) Allodialia bona funt quæ Jure proprio & hereditario plenoque Dominio poffidentur. *De Feud.* 2. *cap.* 54. . . . . . . Allodum feu Allode eft res immobilis quæ in plena noftra Proprietate feu Dominio eft adeout à nullo recognofcatur. *Strykius, Exam. Jur. Feud. cap.* 2. *n.* 5.

(*e*) Donec res probata fit Feudalis Filiæ atque Hæredes Allodiales in Poffeffione manent. *Feud.* 2. *cap.* 2. §. 1. Nec Vaffallus. Titulum poffeffionis edere tenetur, donec Dominus probaverit rem effe Feudalem.. *Carp-*

Zevius, p. 1. *c.* 27. *Strykius, cap.* 2. *n.* 7.

(*f*) Feudum ; Jus in re aliena immobili pleniffime utenda fruenda alicui ex benevolentia Domini fub conditione mutuæ fidelitatis conftitutum. *Strikius, Exam. Jur. Civ. cap.* 2. *n.* 11. *Ou bien* : Feudum eft Jus utendi fruendi Domini fub Lege fidelitatis. *Strykius ibid.*

(*g*) Feudum Proprium à Domini liberalitate proficitur. Feudum Proprium quod regularum Feudi naturam obtinet. *Schilterus ad Jus Feud. introd. cap.* 9 §. 1. *& alii Doctores.*

trouve

trouve difpenfé ou par la difpofition du Droit Feodal, ou par les Conventions des Parties. (*b*)

Ces *Fiefs Impropres* font de plufieurs fortes, le *Fief Oblat*, le *Fief Feminin*, & le *Fief Hereditaire*.

On appelle *Fief Oblat*, un Bien qui eftoit Allodial, & poffedé librement par le Vaffal, avant qu'il en eut pris l'Invefliture ; duquel Bien il a transferé luy-même & de fon propre mouvement le Domaine direct au Seigneur, afin d'en tenir de luy en Fief le Domaine utile. (*i*)

L'origine de ces Fiefs vient ou de la pieté des Fideles qui offroient à l'Eglife leurs Biens propres & Allodiaux, pour les recevoir de l'Eglife en Fief : (de là vient que prefque tous les Fiefs Ecclefiaftiques font reputez Oblats ;) ou bien du fecours & de la protection qu'efperoient ceux qui offroient leurs Biens libres & Allodiaux à des Princes Seculiers puiffans & en état de les défendre contre ceux qui auroient voulu s'en emparer.

Les *Fiefs Oblats* font Herediaires, & les Filles y fuccedent, parce qu'ils ne viennent pas, comme les *Fiefs Propres*, de la liberalité du Seigneur : qu'avant *l'Oblation* le Seigneur n'y avoit rien, & que c'eftoit un Bien libre & Allodial en la Perfonne du Vaffal ; en forte qu'on peut dire avec jufte raifon, qu'en ces cas-là c'eft le Seigneur qui profite & qui reçoit, & non pas le Vaffal : *Eo cafu Vaffalli qui Allodia offerunt, potius conferunt quam referunt beneficium.* Surdus Conf. 417, n. 5.

Ces fortes de Fiefs ne font pas anciens ; on ne les connoiffoit prefque pas avant l'Interregne qui fuivit la mort de l'Empereur Frederic Second : ce ne fut qu'à l'occafion des Guerres qui defolerent pour lors l'Allemagne, que les Opprimés eurent recours à ceux qu'ils crurent en état de les foûtenir, & qu'ils leur offrirent en Fief leurs Biens Allodiaux, dans l'efperance que ces Seigneurs auxquels ils fe donnoient, ne fouffriroient pas qu'on les opprimât impunément. Ces Vaffaux ne chercherent donc en cela qu'une protection : ils la payerent affez cherement, & ne fe feroient jamais donnez, fi cette *Oblation* leur eut coûté la proprieté & la difpofition des Biens qu'ils avoient bien voulu donner au Seigneur, à la Mouvance duquel ils s'eftoient foûmis par leur Oblation.

Ces Fiefs ne fçauroient eftre reverfibles au Seigneur en aucun cas ; parce qu'il n'eft pas naturel que le Seigneur puiffe unir à fon Domaine ce qui n'en a jamais forti, & ce qui n'en a jamais fait partie.

Le *Fief Feminin*, *Feudum Femininum*, eft de deux fortes. Les uns

---

(*b*) Feudum Improprium In quo à propria Feudi natura receditur ; partim ex difpofitione Juris Feudalis, partim ex pacto & conventione contrahentium. *Strykius, cap. 4.*
(*i*) Feudum Oblatum eft cum res mea mihi in Feudum datur, vel quando rem meam Feudi nomine ab altero recognofco. *Strykius, cap. 4. n. 17. Schilterus ad Jus Feudale Germanicum.*

ont esté créez en faveur des Femmes, les autres sont ceux où les Femmes peuvent succeder (*k*).

Le Fief est encore Feminin, disent les Docteurs, lorsque dans la premiere Investiture, il n'est pas dit expressément qu'il est conferé, à la charge de prêter le Serment de fidelité, & d'en rendre les Devoirs accoûtumez, parce que quand ces conventions n'ont point esté stipulées, le Fief est impropre, & comme tel peut estre tenu par les Filles, comme par les Mâles, quand même le Serment de fidelité & la prestation des Services se trouveroient stipulées dans les Investitures subsequentes (*L*).

Le Fief est aussi Feminin quand les Filles y sont appellées par les Investitures, parce que le Seigneur, en donnant le Fief, l'a donné à une condition naturelle & legitime, qui n'est point contraire, ni aux Loix ni aux bonnes mœurs : car quoyqu'il y ait, par rapport aux Fiefs, certains devoirs qu'elles ne sçauroient rendre en personne, elles peuvent les faire rendre par des Substituts (*m*)

Ce Fief est transmissible aux Filles, au défaut des Mâles (*n*).

Quand les Filles ont esté appellées *une fois*, *une seule fois*, *semel tantùm*, aux Fiefs, en cas d'extinction des Mâles, les Fiefs demeurent à perpetuité Feminins & transmissibles aux Heritiers.

L'usage même qui est à present observé en Allemagne, par rapport aux Fiefs en general, les rend tous Hereditaires & transmissibles aux Filles (*o*).

Le Fief Hereditaire est celuy dont le Vassal peut librement disposer, & qu'il peut laisser à ses Heritiers (*p*).

Ces sortes de Fiefs sont de plusieurs especes. Quand les Lettres d'Investiture sont accordées au Vassal, tant pour luy que pour ses Heritiers, les Heritiers y succedent comme dans les Biens Allodiaux (*q*).

Les Fiefs achetez sont aussi Hereditaires, parce qu'ils sont reputez Allodiaux (*r*).

Les Fiefs dans lesquels, lors de la premiere Investiture, il n'a esté

(*k*) Feudum Femininum est quod per Feminam primum acquisitum aut in quo ex pacto (*Nota*, quælibet investitura est pactum) aliave ratione, etiamsi à Femina initium non sumpserit, Feminæ succedunt. *Rosenthal*, *c. 2. Consil. 7. n. 1. Schilterus*, *ad lib. de Feudis*, *tit. 50.*

(*l*) Etsi vero in subsequentibus renovationibus Sacramenti Fidelitatis & præstandorum Servitiorum fiat mentio, id tamen contra Juris dispositionem factum esse dici debet, qua (Juris dispositione) renovatio Feudi, sive Investitura sub eadem forma, & Pacto fieri debet quo prima Investitura facta est. *Menochius*, *Consf. 54. n. 47. vol. 1.*

(*m*) Quamvis Fæmina Servitia regulariter præstare non possit, & ea propter non in Feudum succedat, Dominus tamen Fæminam scienter investiendo Juri suo renuntiare, & substitutum ad Servitia admisisse

præsumitur. *Struv. & Strykius*, *in Examine Juris Feudalis*, *cap. 6. n. 11.*

(*n*) Transmissibile est (Feudum Fæmininum) ad Hæredes Feminas sed Masculis non exstantibus. *Schilterus*, *ad Jus Feud. cap. 9. §. 16. & seqq.*

(*o*) Cessantibus Masculis, *Wultoius. Zazius, Otto*, *Schenk à Tautenberg*, *Rhesius*, *Textor*, *& une infinité d'autres Auteurs.*

(*p*) Vassallus potest libere de eo (scilicet de Feudo mere hereditario) disponere & hæredem pro lubitu instituere. *Struvius*, *c. 9. Th. 11. Strykius*, *Exam. Juris Feud. c. 14. n. 4.*

(*q*) In Feudis quæ pro se & Hæredibus quibuscumque conceduntur succeditur ut in rebus Allodialibus. *Strykius jam cit. cap. 4. n. 45.*

(*r*) *André Gail Assesseur de la Chambre Imperiale de Spire*, *L. 2. Observat. 159.*

fait aucune mention des Mâles, font auffi réputez Hereditaires (ƒ).

C'eft fur ces principes qu'on doit examiner le Procès d'entre les Parties ; ils font fommaires ; ils font certains. Il faut à prefent les appliquer aux Fiefs dont eft queftion ; & pour connoître la veritable nature de ces Fiefs. Il faut examiner féparément les Titres qui les concernent.

Les Demandereffes ont divifé ci-devant ces Fiefs en trois Claffes : elles fuivront ici le même ordre.

PREMIERE CLASSE.

Cette Claffe comprend fuivant M. le Prince de Rohan tout ce que poffedoit, ou avoit dû poffeder la Branche Rudolphine, c'eft à-dire, la Ville & le Château de Benheim, avec les Droits en dépendans ; les onze Villages du Rieth, qui font, Roppenheim, Fortsfelden, Sefenheim, Runfcheim, Stackmatt, Alundein, Avenheim, Denckelsheim, Kauchenheim, Gifenheim, Rofchwog, avec les Droits de Juftice en dépendans ; le Fief Caftrenfe de Haguenau, d'où dépend, dit-il, la Cour de Surbourg, & fes appartenances, les Vignes de Minversheim, le Château & le Village de Weiterfvillers, avec le Peage & le Sauf-conduit dudit lieu, le Fief Caftrenfe de Selts, un Tournois fur le Rhin, établi proche Schrech, le Village de Surbourg, & le Fief donné en augmentation de ce Fief Caftrenfe, confiftant, dit-il, aux Sujets de l'Empire, fur les onze Villages du Rieth.

Les Demandereffes n'en veulent pas tant, elles ne pretendent que les onze Villages du Rieth, avec la Juftice & autres Droits fur ces onze Villages ; les Hommes de l'Empire qui y peuvent eftre demeurans, & le Village & Château de *Veitervillers*. Henry-Jacques de Fleckenftein, leur Pere & Ayeul n'en poffedoit pas d'avantage.

Elles ne parleront d'abord que des onze Villages du Rieth.

Henry de Fleckenftein, furnommé le vieux, & Henry de Fleckenftein fon Petit-fils de la Branche Rudolphine qui les poffedoient en PROPRE comme *Biens Allodiaux* de Famille, s'en DÉMIRENT volontairement en 1359 entre les mains de Loüis l'Aîné, Comte d'Oëtinguen & *Lantgrave d'Alface*, & les REPRIRENT de luy dans le même inftant, conjointement avec le Fief de Benheim, pour en *joüir en commun*.

Cet Acte qui eft du Samedi après la Converfion de Saint Paul 1359, fut *confirmé* par l'Empereur Charles IV. en 1372 ; il porte que Loüis l'Aîné, Comte d'Oëtinguen & Lantgrave d'Alface, declare que Henry de Fleckenftein fon Vaffal, & Vaffal du *Lantgraviat*, luy a OFFERT *Benheim, la Ville & le Bourg, avec leurs Droits ;* COMME AUSSI *la Juftice appellée* Lantdgericht *de Rochvvog, & les Villages qui*

(ƒ) Si in Inveftitura Hæredum Filiorumve nulla mentio fit facta, Feudum eft Hæreditarium. *André Gail*, L. 2. Obfervat. 154. n. 7. | *BeZoldus*, part. 5. Confil. 241. n. 17. *Vulteius de Feudis*, Lib. 1. cap. 8. & *Aut. ibi cit.*

en dépendent, appellez Roppenheim, *&c. avec tous les Droits qui en dépendent,* dont il s'eſt D E´ M I S *emtre les mains dudit Langrave ;* après
quoy ledit Loüis d'Oëtinguen *à donné leſdits Fiefs audit Henry de
Fleckenſtein le vieux, & à Henry de Fleckenſtein, Fils de ſon Fils,*
P O U R E N J O U I R E N C O M M U N L'U N C O M M E L'A U T R E ; *leſquels les ont reçûs de luy, & ſont pour cet effet devenus ſes Vaſſaux,
& ceux dudit Lantgraviat d'Alſace.*

Il n'eſt point parlé dans cette Inveſtiture ni de *Foy & Hommage,*
ni de *Service,* ce Fief eſt donc, ainſi qu'on l'a ci-devant établi,
un *Fief Hereditaire.*

Elle n'en devoit pas auſſi faire mention, parce que les choſes y
énoncéces furent O F F E R T E S par Henry de Fleckenſtein le Vieux à
Loüis Comte d'Oëtinguen & Lantgrave d'Alſace, entre les mains duquel ledit Henry de Fleckenſtein qui en eſtoit veritablement Proprietaire, qui les poſſedoit *Allodialement,* s'en D E´ M I T volontairement, & les *reçut* dans le même moment luy & ſon Petit-fils, *pour
en joüir en commun l'un comme l'autre.* Ces Fiefs ſont donc F I E F S
O B L A T S, puiſque les Proprietaires s'en *démirent,* & ſont *Hereditaires*
puiſque le Comte d'Oëtinguen *Lantgrave d'Alſace* les leur *rendit*
ſur le champ *en Fief, pour en joüir l'un comme l'autre.*

Cet Acte *d'Oblation* fut confirmé par Lettres de l'Empereur Charles I V. du *Mercredi d'après la Fête-Dieu* 1372, adreſſées aux *Lantgraves
d'Alſace* (c'eſtoit les Comtes d'Oëtinguen)*pour eſtre* ledit Acte *executé
dans ſes Points & Articles.*

Depuis ces Lettres, le Fief de Benheim fut vendu ſans Oppoſition, & les Sieurs de Fleckenſtein de la *Branche Rudolphine* prirent,
à ce qu'on prétend, des Inveſtitures des onze Villages du Rieth, des
Comtes d'Oëtinguen *Lantgraves d'Alſace,* la plûpart deſquelles portent
la Clauſe, *pour par ceux* à qui elles furent accordées *joüir* deſdits Fiefs
en commun.

Quoiqu'il en ſoit, la Branche Maſculine de Rodolphe ayant man-
qué en la perſonne de Georges, dernier Baron de Fleckenſtein,
Georges-Henry & Jacques de Fleckenſtein Freres, tous deux de la
Branche Fredericienne, furent *inveſtis* par l'Empereur Ferdinand le 19
Juillet de ladite année, *des Villages du Rieth avec Fond & Trè-fond,
& des autres Biens Feodaux* dont la Branche Rudolphine avoit joüi.

Après la mort de ceux dénommez dans ladite Inveſtiture, ces
Villages furent donnez en Fief à Henry-Jacques Fils de Jacques qui
eſt le Pere & l'Ayeul des Demandereſſes.

Il n'eſt point parlé dans ces derniers Titres du Village & Château
de Benheim, parce qu'en 1402 & 1404 il fut (comme on l'a dit ci-
devant) vendu par Henry, Baron de Fleckenſtein.

Avant de paſſer aux autres Fiefs qui ont eſté à la Branche Rudolphine, ou des Barons de Fleckenſtein, il faut examiner ſommairement
les prétendus Moyens ſur leſquels M. le Prince de Rohan & M. le
Prince d'Oëtinguen prétendent montrer que les onze Villages du
Rieth

Rieth ne font ni *Oblats*, ni *Hereditaires*, & qu'ils font veritablement *Fiefs Propres*, ou *Fiefs Mafculins*, *reverfibles au Fief Dominant.*

Ils alleguent que l'*Inveftiture de ces Fiefs qui eft de* 1359, *n'eft point une Oblation de ces onze Villages, mais bien une Refutation de ces Fiefs.* M. le Comte d'Oëtinguen ajoûte que *ces Villages n'appartenoient point pour lors en proprieté à la Maifon de Fleckenftein, puifque ceux de cette Maifon en avoient pris long-temps auparavant l'Inveftiture des Comtes d'Oëtinguen, & ont continué d'en prendre jufqu'en* 1644, c'eft-à-dire, jufqu'à l'extinction de la Branche Rudolphine.

Pour tâcher d'établir ces Faits, M. le Comte d'Oëtinguen rapporte 1°. une expectative du Fief de Benheim, accordée par Sigebert Lantgrave d'Alface à Henry de Fleckenftein, & à fes Fils en 1255, & une autre en faveur d'Henry de Fleckenftein du Village d'Alunden, accordée par Ulric Lantgrave d'Alface en 1333; *ce qui fait voir,* dit-il, *que le Fief de Benheim, & les onze Villages n'appartenoient point Allodialement aux Barons de Fleckenftein en* 1359, *& ne pûrent eftre pour lors offerts en Fief aux Comtes d'Oëtinguen Lantgraves d'Alface, ni eftre par confequent reputez Fiefs Oblats & Hereditaires.*

Ce pretendu Moyen a quelque apparence, mais il n'a point de folidité.

Il ne s'agit point aujourd'huy du Fief de Benheim; on a dit ci-devant qn'il fut vendu en 1402, & 1404.

A l'égard du Fief d'Alund'hen, l'Inveftiture de 1333 que produit le Prince d'Oëtinguen, fait voir qu'il avoit efté acheté d'Anfelme de Badfendorff par Henry de Fleckenftein, pour en joüir après la mort dudit Badfendorff. C'eftoit donc un Fief acheté, qui eftoit *Hereditaire,* & que Henry de Fleckenftein pouvoit par confequent comprendre avec des Biens *Allodiaux* dans l'Acte d'*Oblation* de 1359, puifque (comme on l'a dit ci-deffus) les *Fiefs achetez à prix d'argent, & les Fiefs Oblats font également Hereditaires.*

Il eft encore certain qu'en 1359 les dix autres Villages du *Rieth* eftoient conftamment *Allodiaux,* parce que M. le Prince d'Oëtinguen ni le Prince de Rohan ne fçauroient rapporter aucun Titre qui prouve que ces Villages ayent jamais appartenus aux Empereurs, ni aux Lantgraves d'Alface, ni aux Comtes d'Oëtinguen; par confequent, ces Villages font des Fiefs *Oblats* & *Hereditaires.*

M. le Prince d'Oëtinguen prétend en fecond lieu que *les onze Villages ont toûjours efté regardez dans la Famille de Fleckenftein comme dépendances du Fief de Benheim, qui ne pouvoient eftre offert en* 1359, *puifque dès* 1255 *les Lantgraves d'Alface l'avoient donné en Fief à Henry de Fleckenftein;* il ajoûte que *dans l'Acte même de* 1359 *ces Fiefs font dits dépendans de Benheim; que le Partage de* 1354 *dit la même chofe; qu'enfin, dans toutes les Inveftitures qui ont efté accordées par les Comtes d'Oëtinguen jufqu'à l'extinction de la Branche Rudolphine, ces onze Villages ont efté reconnus relevans en plein Fief du Comté d'Oë-*

D

*tinguen , & aufquels les Filles de Henry-Jacques de Fleckenſtein ne
ſçauroient ſucceder.*

La réponſe n'eſt pas difficile. 1°. Les Villages du *Rieth* , n'ont jamais fait partie du Fief de Benheim ; cela eſt ſi vray, que l'Inveſtiture de Benheim de 1255 n'en dit rien ; & que lorſqu'on vendit ce
Fief de Benheim en 1402 & 1404, avec ſes *appartenances & dépendances* , il ne fut point queſtion des onze Villages.

2°. Quand dans l'Acte de Partage de 1354, il eſt dit que *les onze
Villages du Rieth dépendoient de Benheim*, cela ne veut dire autre choſe,
ſinon que ces onze Villages appartiendroient à la Branche qui auroit
le Fief de Benheim, comme faiſant partie du Lot accordé à cette Branche. Il y a plus, il n'eſt pas dit dans cet Acte que ces onze Villages
font partie du Fief de Benheim, mais ſeulement qu'*ils dépendent de
Benheim* ; c'eſtoit donc des Biens *Allodiaux*, qu'on vouloit eſtre poſſedez par celuy qui auroit Benheim. Enfin, ces Villages ne ſont point
dans ce Partage qualifiez *Fief* ; ils ne le ſont devenus que par l'Acte
d'*Oblation* de 1359 ; & par conſequent le Partage de 1354, ne ſçauroit
changer leur nature, ni les rendre Feodaux, d'*Allodiaux* qu'il eſtoient
pour lors, & qu'ils ont eſté juſqu'en 1359.

3°. Dans ledit Acte de 1359, Henry de Fleckenſtein OFFRIT la
Ville de Benheim & les onze Villages au Comte d'Oëtinguen *Lantgrave
d'Alſace* , qui les *accepta en Fief*, & qui les *remit* ſur le champ à Henry de Fleckenſtein, ces Villages ſe trouvent dans cet Acte ſéparez du
Fief de Benheim. En voici les termes : *S'eſt preſenté devant Nous le
Sieur Henry de Fleckenſtein l'Aîné nôtre Vaſſal, & de nôtre* LANGRA-
VIAT D'ALSACE, *lequel nous a* OFFERT *Benheim la Ville & le Bourg,
avec tous leurs Droits.* COMME AUSSI *la Juſtice appellée* Lantdgericht
*de Roſchvvog, & les Villages qui en dépendent, appellez Ruppenheim,
&c.* c'eſt à dire, qui dépendent de ladite Juſtice, qui font partie ou
qui compoſent cette Juſtice, & non pas qui dépendent de Benheim ;
le terme *comme auſſi* ſéparant la Juſtice, dite Lantdgericht, du Fief de
Benheim.

4°. Dans ce même Acte Loüis Comte d'Oëtinguen *donne les Fiefs
ſuſdits* ; c'eſt-à dire, le Fief de Benheim, & le Fief compoſé de la Juſtice & des Villages dépendans de ladite Juſtice, *pour jouir deſdits Fiefs
par ledit Henry de Fleckenſtein.* Les onze Villages ne dépendoient donc
point du Fief de Benheim, & compoſoient dès-lors un autre Fief, qui
en eſtoit diſtinct & ſéparé.

5°. Les Inveſtitures qu'on dit avoir eſté accordées de ces Villages
depuis l'*Oblation* de 1359, ne ſont & ne ſçauroient eſtre d'aucune con-
ſideration, parce que c'eſt une maxime certaine, que dans les Conteſ-
tations par rappport aux Fiefs, il ne faut principalement s'attacher
qu'aux premieres Inveſtitures ; (t) car, ſi dit un ſçavant Auteur, il
ſe trouve quelque changement dans les dernieres, il faut croire que

---

(t) In Controverſiis Feudalibus inſpiciendæ   quiores quibus ante omnia Standum. *Lib.* 2.
ſunt Litteræ Inveſtituræ & quidem anti-   *Feud. cap.* 1.

cela s'eſt fait par erreur, à moins qu'il ne paroiſſe par un Acte authentique que ce changement ait eſté fait du conſentement exprès du Seigneur & du Vaſſal (*u*).

Enfin, toutes les Inveſtitures qui ont eſté données par les Comtes d'Oëtinguen aux Barons de Fleckenſtein de la Branche Rudolphine, ne ſçauroient eſtre tirées à conſequence contre la Branche Fredericienne, parce que ces deux Branches, ſuivant les Pactes de Familles, confirmez par l'Empereur Charles Quint, devant *joüir en commun* de tous les Fiefs de la Famille, les *Barons* n'ont pû ſans la participation des *Nobles*, changer la nature des Fiefs *communs aux deux Branches*, ni rendre *Fiefs propres & reverſibles*, ceux qui au temps des Inveſtitures primordiales, eſtoient *Oblats & Hereditaires*.

Monſieur le Prince d'Oëtinguen dit en troiſiéme lieu, que l'*Acte de 1359, n'eſtoit point un Acte d'Oblation, mais une refutation de Fief.*

Ce terme *Refutation* en matiere de Fief, ne veut dire autre choſe qu'une Reſignation que le Vaſſal fait de ſon Fief au Seigneur Suzerain (*x*). Mais cette *Reſignation* ou *Refutation*, ne ſe fait, dit le même Schilterus, qu'en deux cas. Le premier, pour que le Fief qu'on reſigne ou qu'on remet au Seigneur, *ſoit & demeure uni au Fief Dominant;* ou bien *quand le Vaſſal fait cette Reſignation ou Démiſſion en faveur* d'un tiers : *Ut conſolidetur Dominium directum cùm utili, vel quando remiſſio, fit in favorem tertii. Schilterus ad Jus Feud. introd. cap. 6. & in Commentariis ejuſdem cap. 5.* Or l'Acte de 1359 n'ayant point eſté fait *pour réünir les onze Villages du Rieth au Comté d'Oëtinguen ni au Lantgraviat d'Alſace*, non plus que *pour reſigner les onze Villages* en queſtion *en faveur d'un tiers*, puiſqu'il porte que Henry de Fleckenſtein, qui *offrit* ces onze Villages, les *reprit* ſur le champ de Loüis Comte d'Oëtinguen & Lantgrave d'Alſace; l'Acte n'eſt point une *refutation*, & c'eſt certainement une *Oblation.*

Ce qui vient d'eſtre dit concerne également Monſieur le Prince de Rohan, qui ſur les mêmes prétenduës raiſons alleguées par M. le Prince d'Oëtinguen, prétend, comme luy, que *les onze Villages du Rieth, ne compoſent point un Fief Oblat :* les Demandereſſes l'ont ſuffiſamment établi.

Monſieur le Prince d'Oëtinguen, par rapport à ces onze Villages, a traité une queſtion qui ne concerne en façon quelconque les Heritiers Fleckenſtein, il prétend que *ces Villages relevent de luy*, & non *de Sa Majeſté ;* Monſieur le Prince de Rohan ſoûtient qu'*ils relevent du Lantgraviat d'Alſace.* Les Demandereſſes ne prendront à cet égard aucun parti; elles ſoûtiennent contre l'un & l'autre que ces Villages compoſent un Fief *Oblat & Hereditaire*, & declarent qu'elles en rendront la Foy & Hommage à qui de M. le Prince de Rohan ou du

---

(*u*) Nam ſi in poſterioribus Inveſtituris quid mutatum ſit, hoc præſumitur ex errore factum, niſi nova Domini & Vaſſalli conventio appareat. *Scrykius, cap. 1. n. 23.*

(*x*) Refutatio eſt Jus reſignandi Dominii utilis, & retractandi Domino directo in favorem Domini *Schilterus ad Jus Feud. introd. cap. 6. §. 15.*

Comte d'Oëtinguen, la Mouvance & la Suzeraineté en fera adjugée.

De ce qui vient d'eſtre dit, il réſulte que le Fief Oblat eſt tranſ-miſſible aux Filles, parce que ce n'eſt point un Fief propre affecté uni-quement aux Mâles; mais un Fief impropre, auquel on ne ſçauroit regulierement ſe diſpenſer d'appeller les Filles, quand la Branche Maſculine vient à manquer. (*y*)

Cela doit recevoir d'autant moins de difficulté, que ce Fief eſt ve-ritablement Hereditaire, *Mere Hereditarium*, parce que dans l'Inveſti-ture de 1359, il n'eſt fait aucune mention des Heritiers Mâles (*z*).

Il y a plus : cet Acte porte que Henry de Fleckenſtein le Vieil & Henry ſon Petit-Fils, *joüiront de ce Fief en commun, ainſi qu'ils le trou-veront à propos ;* ce qui prouve invinciblement qu'ils en pouvoient diſpo-ſer comme de leur Bien propre, tel qu'il eſtoit avant l'Oblation. Enfin, ſuivant le ſentiment de Gail, de Beſold & d'une infinité d'autres Auteurs, tous les Fiefs doivent eſtre préſumez Hereditaires : *In ambiguis omnia Feuda Hereditaria eſſe præſumuntur :* à plus forte raiſon le doit-on declarer tel, quand par les Lettres d'Inveſtitures, on voit manifeſtment que la vo-lonté du Seigneur & celle du Vaſſal ont eſté que le Fief reſtât impropre, & ne fût point aſtraint aux regles rigoureuſes de la Maſculinité & de l'excluſion des Filles.

Il faut à preſent montrer que ce qui compoſoit autrefois le Fief Caſtrenſe d'Haguenau, & ce qui fut donné en melioration de ce Fief, dont a joüy la Branche Rudolphine juſqu'à ſon extinction, & dont joüiſſoit Henry-Jacques de Fleckenſtein au jour de ſon decès, ou plû-tôt ce qui reſte de ces Fiefs, eſt Feminin & Hereditaire.

Ces Fiefs furent donnez aux Sieurs Barons de Fleckenſtein par Char-les IV.

On ne trouve point la premiere Inveſtiture du Fief Caſtrenſe d'Ha-guenau; mais il paroît par celle de l'Empereur Sigiſmond de 1414, dont il ſera parlé ci-après, qu'elle fut donnée par l'Empereur Charles IVᵉ du nom, & elle doit eſtre anterieure à l'année 1373, puiſque ce même Empereur Charles IV. par ſes Lettres du Samedi avant la Saint Simon Saint Jude de ladite année, *confera & donna à Henry le jeune de Fleckenſtein, Officier de ſa Maiſon & à* ſes Heritiers a per-petuite', *pour melioration d'un Fief Caſtrenſe qu'il tenoit de luy & de l'Empire, dans le Château d'Haguenau, tous les Sujets dudit Em-pereur & de l'Empire, dans les Paroiſſes de Seſenheim & Kavchen-heim, & dans les Villages ſituez dans leſdites Paroiſſes ; nommément Ruasheim, Ovvenheim, Danckelzheim, Dalenhunden & Stackmate, Gey-*

(*y*) Revera non eſt Beneficium quando à Domino res non propria, ſed res ipſius Vaſ-ſalli in Feudum confertur. Deficiente autem vero Beneficio, deficit *Proprium* Feudum, & in Improprium defertur. *Goedd. tom. 4. Conſ. 37. n. 723. & ſeqq.*

Feudum planè Improprium eſt cum ex Allo-dio primi acquirentis fuerit in Feudum reco-gnitum, & ita neutiquam gratuitum, eoque caſu quando Vaſſallus rem propriam in Feu-dum recognoſcit, fæminæ à Succeſſione non ſunt arcendæ. *Alciat. Conſ. 4. n. 46. Surdus Conſ. 407.*

(z) Quando in Inveſtitura Hæredum & Fi-liorum nulla fit mentio, hoc Feudum Hæredi-tarium eſſe volunt communiter Feudiſtæ. *Vul-tein lib. 1. Feud. cap. 8. n. 32.*

ſenheim,

*senheim, Roschvvog, Litheim & Forstfeld, & dans le Village de Roppenheim,
avec tous les Services, Profits & Droits que ledit Empereur & l'Empire avoient ou pouvoient avoir fur iceux, pour par ledit de Fleckenstein, & SES HERITIERS A PERPETUITE', les tenir, possseder & rece-
voir dudit Empereur & de l'Empire, en la même manere qu'il tenoit &
possedoit pour lors d'autres Biens & Droits dépendans dudit Fief Castrense de Haguenau ; par lesquelles Lettres il est précisément ordonné
à tous Princes Ecclesiastiques ou Seculiers, Comtes, Barons, Officiers,
Baillis, Bourgmestres, Conseillers & Communauté des Villes, & à tous
autres Sujets de l'Empire, presens & avenir, qu'ils ayent à ne point
troubler en aucune maniere ledit de Flekenstein & SES HERITIERS
A PERPETUITE' dans les susdits Fiefs & Dons, Sujets, Services,
Profits & Droits.*

Ces Lettres furent *confirmées* en faveur de Frederic de Fleckenstein
par d'autres de l'Empereur Sigismond, du Vendredi après l'Assomption 1420, & du Jeudi après la Saint Erasme 1421.

Le même Empereur avoit accordé au même Frederic de Fleckenstein & à Henry de Fleckenstein son Pere d'autres Lettres du jour de
la Sainte Marguerite 1414, par lesquelles *il leur conféra en Fief les
Fiefs ci-après relevans de luy & de L'Empire ; scavoir, un Fief Castrense ou Castral à Haguenau, la Cense de Surbourg, avec ses appartenances & dépendances, des Vignes à Minversheim, le Peage de Vei-
tersvillers, un Fief Castral à Seltz dans le Bourg, avec un Peage sur le
Rhin, establi à Schrek, & tous les Habitans des Paroisses de Sesenheim
& Kauchenheim, & des Villages situez dans lesdites Paroisses ; scavoir,
Runsheim, Avenheim, Denckelsheim, Dalenhurden & Stackmäte, Gisenheim, Roschvvog, Lytheim & Forstfeld, & dans le Village de Roppenheim, que l'Empereur Charles IV avoit donné en Fief à Georges-Henry
de Fleckenstein & à SES HERITIERS ;* par lesquelles Lettres ledit
Empereur Sigismond, après avoir conferé audit Frederic lesdits Fiefs,
il luy *accorda par grace speciale, que s'il arrivoit qu'il mourût sans Enfans Mâles, les Filles pourroient avoir & possseder lesdits Fiefs, à la
charge toutefois par elles de donner un Homme qui portât les Armes pour
estre Porteur de Fief pour lesdites Filles, & pour rendre les Services dûs
pour raison des Fiefs en Foy & Hommage.*

Frederic de Fleckenstein fut investi des mêmes Fiefs par d'autres
Lettres du Jeudi d'après la Saint Erasme 1421, dans lesquelles on fit
mention des mêmes Fiefs, *& du Bourg & Village de Weitervillers,
avec les Habitans, les Prefectures, les Justices & leurs dépendances,
pour en joüir luy & SES HERITIERS, sans empêchement :* elles font
mention que Frederic de Fleckenstein rendit *Hommage du tout entre
les mains de Loüis Comte d'Oëtinguen, commis par l'Empereur,* & elles
portent, comme les precedentes, que s'il venoit à mourir sans Enfans
Mâles, les Fiefs passeroient, avec leurs appartenances & dépendances,
à ses Filles, qu'il avoit pour lors & qu'il auroit dans la suite, pour les
tenir de l'Empereur & dudit Empire, avec tous les Droits y exprimez
indistinctement.

Cette Investiture est la première concernant le Bourg & le Village
de Veitervillers.

Thierry de Fleckenſtein fut inveſti en 1433 des mêmes Fiefs, & notamment *du Bourg & du Village de Veitervillers, avec les Habitans, les Prefectures, les Juſtices & leurs dépendances, pour en joüir de la même maniere que ſes Predeceſſeurs les avoient des precedens Empereurs, & en joüir, comme ſi les Lettres precedemment accordées à ſes Ancétres eſtoient énoncées mot à mot en celles-ci.*

Frederic de Fleckenſtein ſon Fils, lors Mineur, en fut encore inveſti en 1442, & ces Lettres ſont énoncées dans les mêmes termes que les précedentes.

Ces deux dernieres ne font point à la verité mention des Filles, comme celles de 1414 & 1421; mais elles *confirment les precedentes Inveſtitures, comme ſi elles avoient eſté tranſcrites de mot à mot* dans les dernieres, & portent encore que *leſdits Sieurs de Fleckenſtein joüiront deſdits Fiefs comme leurs Predeceſſeurs en avoient joüy;* c'eſt-à-dire, aux mêmes conditions accordées à leurs Predeceſſeurs, qui en joüiſſoient *hereditairement,* & avec la Clauſe que *les Filles y pourroient ſucceder, ſi la Ligne Maſculine venoit à manquer.*

Tous ces Fiefs furent poſſedez par la Branche Rudolphine juſqu'en 1644, auquel temps Georges de Fleckenſtein, dernier de cette Branche eſtant mort ſans Enfans, Georges-Henry & Jacques de Fleckenſtein, Freres de la Branche Fredericienne, s'en firent inveſtir par l'Empereur Ferdinand III le 10 Juillet 1644, en vertu des *Pactes de Famille* de 1363, confirmez & expliquez par l'Empereur Charles Quint en 1550, dont il a eſté ci-devant parlé.

Henry-Jacques de Fleckenſtein, qui a eſté le dernier Mâle de la Branche Fredericienne, Pere & Ayeul des Demandereſſes en fut encore inveſti par Lettres Patentes du 17 Janvier 1675, en vertu deſquelles il n'a joüi que d'une partie de ce qui y eſtoit contenu, c'eſt-à-dire, du Château & du Village de Weitervillers, enſemble du Peage & Sauf-conduit, le reſte n'exiſtant plus, ou eſtant en des mains inconnuës aux Demandereſſes.

Voila les Titres principaux qui concernent cette ſeconde partie des Fiefs de la premiere Claſſe; ils prouvent inconteſtablement que ce qui reſte aujourd'huy de ces Fiefs eſt un Fief *Impropre, Hereditaire, & Feminin.*

Il eſt Hereditaire parce que les Inveſtitures font mention expreſſe des Heritiers.

Il eſt Feminin, parce que les Empereurs ont declaré qu'*au cas que la Branche Maſculine de ceux à qui ces Inveſtitures eſtoient données vînt à manquer, les Fiefs y mentionnez paſſeroient & ſeroient devolus aux Filles qu'ils auroient alors ou qui leur naîtroient dans la ſuite, à la charge par elles de les faire deſſervir par un Homme d'extraction Noble, qui ſoit leur Porteur de Fief.*

Ils prouvent encore inconteſtablement que le Fief du Bourg & Village de Veitervillers, avec ſes appartenances & dépendances eſt en particulier Hereditaire au Feminin.

Hereditaire, parce que ſelon toutes les apparences il fut *offert* en 1421, puiſqu'il n'y a rien dans le Procès qui prouve le contraire.

Feminin, parce que l'Inveſtiture de 1421, qui eſt la premiere où il ſoit parlé de ce Fief, y appelle préciſément les Filles.

Par conſequent les Heritiers Mâles de la Famille de Fleckenſtein ayant manqué, les Filles & Petites-filles de Henry de Fleckenſtein, dernier de ladite Famille doivent ſucceder de Droit à tous ces Fiefs, ſans aucun trouble, & ſans aucune difficulté.

M. le Prince de Rohan prétend que *les Inveſtitures de 1414 (t) de 1421, dont on vient de parler, n'ayant appellé les Filles aux Fiefs que par une grace particuliere, & dans le cas ſeulement que Frederic de Fleckenſtein y demommé decedât ſans Enfans Mâles, les Demandereſſes qui ne ſont point ſes Filles, ne ſçauroient profiter d'une grace qui ne leur a point eſté accordée, (t) qui eſt devenu caduque, parce celuy en faveur de qui les Empereurs l'avoient accordée a laiſſé des Enfans Mâles qui luy ont ſuccedé à l'excluſion de leurs Sœurs*

La Réponſe eſt prompte.

Les Loix rigoureuſes des Fiefs, differentes en cela des Loix Civiles, ne permettent pas à la verité aux Filles de ſucceder à leur Pere par rapport aux Fiefs qui ſe trouvent dans la Succeſſion. (a)

Mais ſi par quelque Pacte, (b) par quelque Inveſtiture elles ſont appellees aux Fiefs, elles y ſuccedent ſans difficulté.

Or les Inveſtitures de 1414 & 1421 accordant ſpecialement & preciſément aux Filles le droit de ſucceder dans les Fiefs dont il y eſt fait mention, au défaut d'Hoirs Mâles, & les Inveſtitures poſterieures confirmant celles de 1414 & de 1421, *pour eſtre executées comme ſi elles y eſtoient tranſcrites de mot à mot*, les Demandereſſes ſe trouuent preciſément dans le cas de l'exception ci-deſſus.

C'eſt une illuſion de dire que *cela auroit pû avoir lieu en faveur des Filles de ceux dénommez dans ces Inveſtitures*, mais que *cela ne peut profiter aux Demandereſſes*, qui ne ſont pas Filles de ceux à qui ces Inveſtitures furent accordées. Car ces Inveſtitures portant que ceux à qui elles ſont faites joüiront des Fiefs y énoncez, *ainſi que leurs Heritiers, à perpetuité* ; & la faculté de ſucceder à ces Fiefs eſtant accordée aux Filles, *au défaut des Hoirs Mâles*, il eſt évident que de la même maniere que ceux auſquels ces Inveſtitures furent données ont tranſmis leur droit à leurs Heritiers mâles à perpetuité ; ils ont tranſmis ce même droit à *l'infini* a leurs Heritieres, en cas que les Mâles vinſſent à manquer.

Il y a plus, c'eſt une maxime triviale que quand une fois *la grace de ſucceder aux Fiefs a eſté accordée aux Filles, au défaut d'Hoirs Mâles, cette Clauſe ſe perpetuë à toutes les Filles à l'infini*. (c)

Or en l'eſpece de la Cauſe, les Filles de la Famille de Fleckenſtein ont non ſeulement eſté *appellées*, comme on vient de le dire, *à la Succeſſion des Fiefs, Ceſſantibus Maſculis*, par les Inveſtitures de 1414,

---

(a) Licet Filiæ ut Maſculi Patribus ſuccedant, Legibus Feudalibus à Succeſſione Feudi removentur. *De Feud. lib. 1. tit. 1. §. Hoc etiam.*

(b) Niſi ſpecialiter dictum ſit ut ad eas pertineat. *Ibid.*

Ex Pacto (nota quælibet Inveſtitura eſt Pactum) Feminæ ſuccedunt. *Roſent. C. 2. Conſ. 7. n. 1. Schilt. ad lib. 2. de Feud. tit. 30.*

(c) Feudum Femininum eſt quod ſemel tranſitum fecit ad Fæminam, aut cujus acquirendi capacitatem, ſexus Femininus accepit. *Roſenthall, Schilterus & alii.*

& 1421; mais ces Privileges à elles accordez par ces Inveſtitures de ſucceder aux Fiefs de la Famille, ont eſté *confirmez* par des Lettres Patentes, preciſes & formelles des Empereurs Matthias, Ferdinand, &
Leopold, en 1613, 1631 & 1672 qui portent, *qu'en faveur deſdits Sieurs*
de Fleckenſtein, leſdits Empereurs ont confirmé & confirment toutes les
LETTRES, GRACES, *& Poſſeſſions qu'eux & leurs Ancêtres ont*
obtenus (ou dont ils ont des Titres) des Empereurs & Rois des Romains,
en tous leurs points & teneurs, & même les ont RENOUVELLE'ES *pour*
en joüir ſans Oppoſition.

Il n'y a donc & il ne peut y avoir aucune difficulté que les Filles
de la Maiſon de Fleckenſtein à l'infini ſont appellées aux Fiefs de ladite Maiſon.

Ce que deſſus aura auſſi ſon application aux Fiefs de la ſeconde Claſſe,
dont il ſera parlé ci-après.

Ce Privilege a eſté accordé une infinité de fois par les Empereurs, &
on en pourroit rapporter ici plus d'un exemple.

L'Empereur Frederic I. ayant conſenti que ſi le Duc d'Autriche
venoit à mourir ſans Enfans Mâles, ſa Duché ſeroit devoluë à l'aînée
de ſes Filles, on n'a point pretendu reünir à l'Empire ce Duché, quand
dans la ſuite les Mâles ont manqué, & les Filles y ont ſuccedé, & y
ſuccederont à perpetuité.

L'Empereur Philippe en 1204 ayant accordé la même grace au Duc
de Brabant, la Duché en 1406 vint à Jeanne de Brabant, & enſuite
à Marguerite ſa Sœur qui épouſa le Comte de Flandres, duquel elle
eut Marguerite qui ſucceda à la Duché de Brabant, & qui la porta
à Philippe de France, Tige de la ſeconde Branche Royale des Ducs
de Bourgogne.

Cette même Duché ayant paſſé à Marie de Bourgogne, elle la porta dans la Maiſon d'Autriche.

L'extinction des Mâles des Maiſons d'Autriche & de Brabant n'ar-
riva pas en la perſonne de ceux dont les Filles eſtoient appellées par
les Inveſtiteurs dont on vient de parler, on fit revivre pluſieurs Siecles
après, ce Privilege. Il eſt donc vray que lorſque les Filles ſont une fois
appellées dans une Inveſtiture, le Fief eſt réputé Feminin, & les Filles y viennent à l'infini au défaut des Mâles.

C'eſt le ſentiment unanime de preſque tous les Auteurs qui ont
écrit ces Matieres. Les Demandereſſes n'ont pas crû devoir groſſir ce
Memoire, des Paſſages qu'elles auroient pû y tranſcrire : elles ſe con-
tentent d'en citer un. Klock, tom. 3. Conſil. 182. n. 8. qui ſemble eſtre
fait pour la Cauſe d'entre les Parties. *Doctores*, dit-il, *tradunt Feu-*
dum, quod etiam SEMEL TANTUM *ad fœminam tranſitum fecit, hanc*
qualitatem & quidem realem ſortiri ut illud efficiatur famineum atque
tranſeat ad omnes omnino fœminas &) deſcendentes ex fœminis ; & la
raiſon qu'il en rapporte eſt que la *Fille pour lors tient lieu de l'Heritier*
Mâle, qui en ce cas, doit eſtre conſideré Heritier inſtitué, & la Fille
Heritiere ſubſtituee : cum fœmina cenſetur velut ſubſtituta, maſculus
vero uti inſtitutus.

En un mot, la Succeſſion aux Fiefs promiſe une ſeule fois, *ſemel*
tantum,

tantùm , aux Filles en cas d'extinction des Mâles , eſt , ſuivant les meilleurs Auteurs , uue eſpece *d'Expeŝative* , & le Fief declaré tranſmiſſible une fois aux Filles , *ſemel tantùm* , eſt toûjours reputé tel. C'eſt le ſentiment de Goeddeus & de quantité d'autres qu'il eſt inutile de rapporter ; & cela eſt ſi conforme aux Loix Civiles & Naturelles ; ſi conforme aux ſentimens des meilleurs Auteurs , qui tiennent qu'*on ne preſume jamais qu'on puiſſe rien changer aux Inveſtitures anterieures, s'il n'en eſt fait mention expreſſe dans les ſuivantes* , (*d*) que cela ne doit pas faire la matiere d'une Diſſertation.

SECONDE CLASSE.

Les Demandereſſes ont expliqué ci-devant en quoy conſiſtent les Fiefs de la ſeconde Claſſe ; elles ne vont s'attacher ici qu'à prouver par les Titres produits au Procès, que ce ſont des Fiefs Feminins, tranſmiſſibles par conſequent aux Filles , loſque les Mâles viennent à manquer : *Tranſmiſſibile ad Hæredes feminas Maſculis non exſtantibus*. Schilterus ſup. cit.

Le premier eſt *une Inveſtiture accordée* par l'Empereur Sigiſmond le Mardi d'après la Saint Jacques **1422** , *à Henry de Fleckenſtein & à Jean & Frederic de Flekenſtein ſes Couſins* , des Fiefs y dénommez ; ſçavoir , *le Bourg* & *la Montagne de Fleckenſtein, la Haute Juſtice des Villages de Niederoden , Eberbach , Vintzenbach ,* & *Kretviller ; la moitié d'Auberlauterbach,* (l'autre moitié eſtant Allodiale) *avec tous leurs Droits , appartenances* & *dépendances* , & autres Biens y énoncez , (dont les Demandereſſes n'ont à preſent aucune connoiſſance) *pour les tenir en Fief dudit Empereur* & *de l'Empire, ſans empéchement ni oppoſition ;* dans laquelle Inveſtiture il eſt porté que *ſi leſdits Henry de Fleckenſtein meurent ſans Enfans Mâles , les Fiefs ſuſdits paſſeront* A LEURS FILLES ; *à condition qu'elles donneront un Homme pour en rendre les Services ordinaires.*

Le ſecond , du premier Samedi après la Sainte Marguerite **1442** , eſt une autre Inveſtiture des mêmes Fiefs , accordée par l'Empereur Federic, à Henry , & à Frederic ſon Couſin , avec la même Clauſe qui ſe trouve dans la precedente.

La troiſiéme , du Vendredi d'après la Saint Barthelemi **1461** , eſt encore une Inveſtiture des mêmes Fiefs , accordée avec la même Clauſe , *en faveur des Filles* , par l'Empereur Frederic, à Jean de Fleckenſtein , tant pour luy que pour Jacques & Frederic de Fleckenſtein ſes Frere & Couſin.

Les Inveſtitures ſuivantes n'ont point revoqué les Clauſes favorables aux Filles qui ſe trouvent dans les Inveſtitures ci-deſſus ; & par conſequent , les Fiefs de cette Claſſe ſont toûjours reſtez Feminins, & ſont échûs aux Demandereſſes par le decès de leur Pere & de leur Ayeul , dernier Mâle de la Famille.

Cela reçoit d'autant moins de difficulté , que ſi , comme on l'a

(*d*) Non autem præſumitur derogatum antiquis Inveſtituris niſi per novam expreſsè derogatur. *Card. Thuſc. litt. F . Concl.* 70.8. *n.* 15. *Baſol.d Conſ. part.* 5. *Conſ.* 231. *n.* 14.

ci-devant établi page 20 les Filles appellées une seule fois, *semel tantùm*, du consentement du Seigneur Suzerain, à des Fiefs, rendent ces Fiefs Feminins & transmissibles aux Filles du dernier Mâle ; Cela est incontestable, quand les Filles y ont esté appellées par trois Investitures consecutives, comme on l'a ci-devant dit page 20 par les Empereurs Ferdinand & Leopold.

D'ailleurs, ce Fief de la seconde Classe, dans son origine estoit constamment un Bien Allodial, & ne pouvoit estre reversible aux Empereurs, ni à l'Empire ; parce qu'il est évident que le Château de Fleckenstein, avec les Fiefs qui composent cette Classe, estoient dans la Famille plus de quatre cens ans auparavant la premiere des Investitures rapportées.

Or suivant les Regles, un Fief dont on ne rapporte point la premiere Investiture, & qu'on ne prouve point avoir esté démembré du Fief Dominant, est toûjours presumé un Bien Allodial, que *le Proprietaire a offert au Seigneur Dominant, pour en estre défendu*, & qui par consequent ne pouvant estre reüni au Fief Dominant, parce qu'il n'en est jamais sorti, reste toûjours transmissible aux Filles au défaut d'Hoirs Mâles.

Il y a plus. On ne sçauroit douter que ce Fief ne soit veritablement Oblat, & par consequent Hereditaire ; car, comme on a déja dit, le Château & la Montagne de Fleckenstein, tirans leur nom de la Famille, qui existoit dès le dixiéme Siecle, il est évident que ce Château est un Bien Allodial, appartenant aux Seigneurs de Fleckenstein ; & en effet il est compris dans le Partage de 1354 comme Allodial, & sans qu'il y soit fait la moindre mention de Fief ni de Feodalité.

TROISIÉME CLASSE.

Le Fief de Barr, qui est composé de deux Cours situées à Barr, appellées Kappen & Schuedinghoff, forme cette troisiéme Classe. Il fut *acheté* par Henry-Jacques de Fleckenstein, & luy fut vendu comme *Fief Hereditaire*, du consentement de l'Empereur Leopold, par Jean-Jacques Goppodt, le 7 Septembre 1670. Cela est expliqué dans les Lettres d'Investiture du 30 Mars 1676, qui portent precisément que l'*Empereur veut que ledit Sieur de Fleckenstein en joüisse comme* FIEF HEREDITAIRE, *sans aucun empéchement.*

M. le Prince de Rohan dans le commencement de sa Requeste signifiée le 16 Juin 1723, *n'insistoit* point par rapport à ce Fief ; mais ses Gens d'Affaire ayant resolu de contester les choses les moins susceptibles de difficulté, soûtiennent dans la fin de cette même Requeste que *le Fief de Barr n'est point purement Hereditaire*, Mere Hereditarium, *ni transmissible aux Filles, parce qu'elles ne sont point dénommées dans l'Investiture, & que d'ailleurs il faudroit*, dit-il, *rapporter les precedentes Investitures, pour voir s'il n'étoit point dans son Origine Fief Propre & Masculin.*

Cela ne merite presque pas de Réponse,

Il eſtoit inutile de faire mention des Filles dans l'Inveſtiture qui fut accordée de ce Fief en 1676 à Henry-Jacques de Flekenſtein, il ſuffit que cet Acte porte qu'*il fut acheté du conſentement de l'Empereur*, pour le rendre Patrimonial & Hereditaire.

En effet, ſi *les augmentations que fait un Vaſſal à un Fief Maſculin & reverſible ſont*, ſuivant les Auteurs, *cenſez Biens Allodiaux, & tombent dans la Succeſſion du Vaſſal*, Strychius cap. 14 §. 11 ; à plus forte raiſon le Fief acheté à prix d'argent, *conſentiente Domino*, doit-il eſtre *Allodial*, ibid. §. 12 , & par conſequent, tranſmiſſible aux Heritiers du Vendeur.

Il eſt vray que quelques Auteurs ont crû le contraire; il eſt encore vray que Minſinger rapporte des Jugemens de la Chambre Imperiale, qui ont decidé que *les Filles ne pouvoient pas ſucceder à ces Fiefs* ; mais outre que ces Jugemens pouvoient avoir eſté rendus ſur des Faits particuliers, c'eſt que Gail dans ſes Obſervations, L. 2. Obſerv. 159 , ſoûtient preciſément l'affirmative : & comme il a écrit depuis Minſinger , qu'il paroît même avoir étudié la matiere bien mieux que l'autre, & que la Chambre Imperiale ſuit à preſent ſon ſentiment; c'eſt une maxime certaine qu'un Fief acheté à prix d'argent, *conſentiente Domino*, paſſe aux Filles de l'Acheteur ſans aucune difficulté. *Goëddeus, Conſil. Marpurg. Vol.* 4 , *Conf.* 27. *Vulteïus de Feud. Lib.* 1, *Cap.* 9 , *& Mc Obrect, de Feud. Lib.* 1, *Cap.* 7.

C'eſt une pure illuſion de demander qu'on *repreſente aujourd'uy les anciennes Inveſtitures de ce Fief* ; Les Demandereſſes ne les ont point & ne ſont pas obligées de les avoir. Ce Fief n'eſt entré dans leur Famille qu'en 1670. La premiere Inveſtiture qui en a eſté donnée à leurs Auteurs, eſt celle qui doit regler à leur égard l'état & la nature du Fief. Il y eſt dit *Hereditaire*, & il y eſt juſtifié que Henry-Jacques de Fleckenſtein l'avoit *acheté à prix d'argent* ; il eſt donc juſte que ce bien leur tienne lieu de ce qu'il a coûté , & qu'elles le partagent entre elles, comme elles en auroient partagé le prix s'il s'eſtoit trouvé *in bonis defuncti*.

De ce qui vient d'eſtre dit, il ſuit que tous les Fiefs dont eſt queſtion entre les Parties ne ſont point *Fiefs Propres Maſculins & reverſibles aux Fiefs Dominans* ; qu'ils ſont *Oblats* , *Feminins & Hereditaires* , & par conſequent tranſmiſſibles aux Filles après la mort du dernier Mâle de la Famille.

M. le Prince de Rohan & M. le Comte d'Oëtinguen ne veulent point convenir de ces veritez : tous les deux plaident aujourd'huy pour avoir gratuitement ces Fiefs, avec autant d'ardeur que s'ils en avoient payé un prix conſiderable. Ils ne doivent pas trouver mauvais que les Demandereſſes ſe défendent avec vivacité. Elles agiſſent *pro damno vitando* ; les autres plaident *lucri captandi cauſâ*. Si ces derniers perdent leur Procès, ils ne perdront rien, & manqueront ſeulement de gagner. Les Demandereſſes ne ſçauroient le perdre, qu'elles ne perdent en même temps preſque tous les Biens auxquels leurs Ancêtres les avoient appellées.

M. le Prince de Rohan croit ſe faire un Moyen de ce que *ces Fiefs* luy ont, dit-il, *esté donnez par le feu Roy, pour récompense de se sServices; que lorsqu'il en a demandé le Don, les Sieurs de Fleckenstein Pere & Fils, l'avoient assuré que presque tous les Fiefs dont ils joüissoient, estoient Masculins & reversibles; que sans cette assurance qu'ils luy donnerent, il auroit obtenu autre chose, & qu'il ne seroit pas juste que le Present qui luy fut fait par le feu Roy, ne luy procurât aucun avantage.*

Les Demanderesses n'ont autre chose à luy répondre, sinon que Henry-Jacques de Fleckenstein ne pouvoit pas faire de prejudice à ses Filles, qui par les anciennes Investitures estoient appellées à ces Fiefs; que d'ailleurs il ne connoissoit pas l'origine, la nature & la veritable qualité des Biens & des Fiefs dont il joüissoit; qu'il sçavoit en general qu'il y en avoit d'Allodiaux, de Feodanx, d'Oblats, de Feminins & d'Hereditaires; qu'il le dit à M. le Prince de Rohan & à M. le Cardinal de Rohan : cela si vray que celuy-là (M. le Prince de Rohan) promit par écrit, *qu'il ne pretendroit jamais rien dans tout ce qui seroit Allodial, Hereditaire & Feminin*, & *qu'il ne formeroit à cet égard aucune Contestation.*

S'il a rendu des Services à l'Etat, c'est à l'Etat, & non pas aux Demanderesses à le recompenser.

Elles n'ont à present aucun credit, aucun appuy que la seule justice de leur Cause. Elles ne rappelleront pas même les Services que leur Famille a rendus à la France, avant & depuis le Traité de Westphalie. Leurs Grands-Oncles & Oncles mériterent pourtant pendant la Minorité du feu Roy, la confiance dont la Reine Mere les honora, & qu'eurent pour eux ceux qui gouvernoient sous ses Ordres. L'un d'eux servit depuis avec distinction, jusqu'à ce que ses infirmitez le forcerent de se retirer du Service. Il ne reste plus à la verité aucun Mâle du nom de Fleckenstein; mais le même zele qu'ils avoient pour la France, anime encore les Demanderesses. Elles l'ont communiqué à leurs Epoux, à leurs Enfans, qui attendent avec impatience les occasions de relever une Famille, qui, pendant sept à huit Siecles, a tenu un rang considerable dans la Province.

Ils esperent tous que Sa Majesté, en leur rendant la Justice qui leur est düë, les maintiendra dans la possession des Biens qui leur appartiennent legitimement.

Monsieur D'ANGERVILLIERS, *Conseiller d'Etat, Rapporteur.*

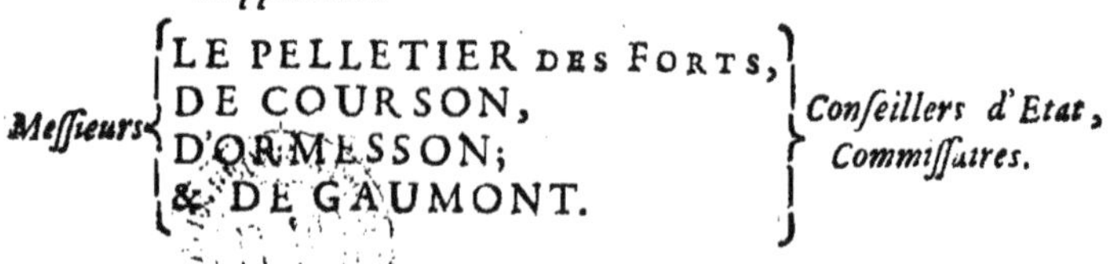

Messieurs LE PELLETIER DES FORTS, DE COURSON, D'ORMESSON; & DE GAUMONT. *Conseillers d'Etat, Commissaires.*

Mᵉ BAIZE', Avocat.

A PARIS, De l'Imprimerie de LAURENT RONDET ruë Saint Jacques, près la Fontaine S. Severin, au Compas.

PIECES

Citées dans le Memoire imprimé.

POUR Dame Marie-Dorothée de Fleckenftein, Veuve de Meffire Volffgand-Henry de Goelnitz, & Confors, Heritiers immediats & mediats de défunt Meffire Henry-Jacques Baron de Flec-kenftein leur Pere & Ayeul, dernier Mâle de la Maifon de Fleckenftein.

CONTRE Meffire Hercules Meriadec, Prince de Roban.

ET Meffire Albert Erneft, Prince d'Oettinguen.

DONT

Les cinq premieres prouvent que les Fiefs appellés dans le Procez *Fiefs de la premiere Claffe*, font les uns *oblats & hereditaires*, & les autres *feminins & hereditaires*.

Les trois fuivantes établiffent que les Fiefs appellés *de la feconde Claffe*, font *feminins & hereditaires*.

Et la derniere, que le *Fief de la troifiéme Claffe* eft veritablement *hereditaire*.

AVERTISSEMENT.

Les Heritiers Fleckenſtein ayant cité dans leur Memoire imprimé des Pieces qui établiſſent la nature & la qualité des Fiefs dont il s'agit au Procez, ils ont crû devoir en faire imprimer quelques-unes des principales & des plus déciſives.

On y a joint des Notes ſommaires pour ſervir d'explication à quelques endroits de ces Pieces qui pouvoient en avoir be-ſoin, & on en a tiré des inductions im-portantes qui jointes à ce qui a eſté dit dans le Memoire, mettent l'affaire hors de toute difficulté.

CINQ PIECES

Concernant la premiere Claffe.

PREMIERE PIECE.

Lettres Patentes *de Charles IV. Empereur, du Mercredy après la Fê-te-Dieu* 1372. *confirmatives de l'Acte d'Oblation des onze Villages du Rieth, dattées du Samedy après la Converfion de faint Paul* 1359. Prod. premier Sac. D.

OUS (*a*) Charles par la Grace de Dieu, Empereur des Romains, toûjours Augufte & Roy de Boheme, con-feffons & certifions publiquement par ces prefentes à tous ceux qui les verront, ou entendront lire, qu'il s'eft pre-fenté par devers Nous notre Amé & Féal Henry de Fleckenstein le jeune, lequel nous a montré des Lettres de feu Loüis l'aîné Comte d'Oettinguen & Lantgrave (*b*) d'Alface, & Nous a fup-plié de les confirmer de notre puiffance imperiale & d'une grace fpe-ciale dont la teneur s'enfuit mot pour mot ; *Nous Loüis* l'aîné *Comte* d'Oettinguen et Lantgrave *d'Alface, certifions à tous ceux qui ces prefentes Lettres verront ou entendront lire qu'il, s'eft prefenté de-vant Nous le Sieur* Henry de Fleckenstein l'aîné *notre Vaffal & celuy de notre* (c) *Lantgraviat, lequel Nous a* (d) OFFERT (e) *Ben-heim la Ville & le Bourg avec tous leurs droits, comme* (f) *auffi la juftice appellée* Landgericht *des Roschvvog & les Villages qui en dépendent, ap-pellez, Roppenheim, Forsfeld, Gauchenheim, Giefenheim, Roschvvog*

(*a*) Charles quatre Empereur.

(*b*) Ces Lettres ou plûtôt cet Acte *d'Obla-tion* qui eft tranfcrit dans la fuite ne fut fait au Comte d'Oettinguen que comme *Lantgrave d'Alface,* les termes dans lefquels il eft conçû, le dénotent fuffifamment.

(*c*) Henry pouvoit être Vaffal du Comte d'Oettinguen, à caufe de quelques Fiefs qu'il te-noit de luy, c'étoit peut-être à caufe de Benheim, (dont il ne s'agit pas aujourd'huy) il étoit Vaf-fal du Lantgraviat à caufe d'Alunden qu'il avoit acheté d'Anfelme de Batfendorff, dont il avoit été invefti en 1333. *Mem. pag.* 13. il n'étoit point encore Vaffal du Comté d'Oettinguen ni du Lantgraviat pour les dix autres Villages qui é-toient *allodiaux,* & qui furent *offerts* par l'Acte

en queftion.

(*d*) Ce mot eft important ; ce n'eft point le Comte d'Oettinguen Lantgrave d'Alface qui accorde les Fiefs en queftion à Henry de Flec-kenftein, c'eft celuy-ci qui les a *offerts,* il en avoit donc la proprieté puifqu'il *offrit,* le Comte d'Oettinguen ne l'avoit pas, puifqu'il fouffrit qu'on lui *offrit* ces Fiefs.

(*e*) *Benheim.* Il ne s'en agit pas, il fut vendu en 1401. & 1404.

(*f*) Cet Acte comprend inconteftablement deux Fiefs differents, fçavoir, 1°. Benheim la Ville, &c. Les mots *COMME AUSSI* les di-ftinguent parfaitement, & font voir qu'on ne doit pas confondre ces deux Fiefs en un feul.

Siffenheim , Rimfcheim , Siackmat , (g) Dalenhunden , Ouvenheim & Denckelsheim avec tous les droits qui en dépendent , qui confiftent en pre-fectures , juftices , bans & Jurifdiction avec tous les habitans , les bois , les Rivieres & les pâturages recherchez & non recherchez dont il s'eft (h) DEMIS *entre nos mains. Après que cela avoit été fait , Nous ayant eu égard aux bons & fidels fervices que le Sieur Henry de Fleckenftein l'aîné Nous a rendu plufieurs fois , & qu'il pourra encore nous rendre , avons (i) donné les (k) Fiefs fufdits audit fieur Henry de Fleckenftein l'aîné , & Henry le fils de fon fils défunt* EN (l) COMMUN, *lefquels les ont (m) reçûs de nous & font pour cet effet devenus nos Vaffaux & ceux de notre Lantgraviat. Ceux de Fleckenftein fufdits doivent joüir defdits Fiefs en commun l'un comme l'autre ; en foi & témoignage de quoi Nous Comte Loüis d'Oettinguen , & (n) Lantgrave d'Alface avons fait mu-nir les préfentes de nos Armes. Nous Henry de Fleckenftein l'aîné & Hen-ry de Fleckenftein fils de fon fils défunt fufdits , certifions que tout ce que deffus a été fait de notre confentement , & nous promettons d'executer fide-lement tout ce que deffus , en foi & témoignage de quoi nous avons appo-fé nos Armes conjointement avec le Seigneur fufdit , à ces préfentes qui ont été données le premier Samedy après la Converfion de Saint Paul , l'an de grace mil trois-cens cinquante-neuf. (o)* Nous ayant égard à la très--humble priere dudit Henry , & aux bons & fidels fervices qu'il nous avoit cy devant rendus & à l'Empire , & qu'il pourra encore nous ren--dre à l'avenir , avons *confirmé* meurement de notre puiffance imperialle & de notre certaine fcience les Lettres fufdites *en tous fes fens, points & articles ,* comme ils font fpecifiez cy-deffus *mot pour mot*, lefquels nous confirmons auffi par ces prefentes , fauf notre droit , celui de l'Empire , & ceux d'autruï ; pour cet effet , Nous mandons à notre (p) Lantgrave d'Alface , comme auffi aux Prevôts , Bourguemaîtres , Confeillers & habitans de la Ville d'Haguenau , prefens & futurs , de ne porter aucun obftacle audit Henry ni à fes (q) héritiers , pour ce qui regarde les Lettres fufdites , mais de les y maintenir , garder &

(g)C'eft ceVillage qui avoit été *acheté* en 1333 & qu'on a pû par confequent *offrir* avec les dix autres.

(h) Henry de Fleckenftein fe *démet* des Vil-lages en queftion , il les poffedoit donc , fçavoir , dix *allodialement* , & un qu'il avoit *acheté*.

(i) Loüis Comte d'Oettinguen ne donne l'in-veftiture de ces Fiefs qu'après que l'offre & la demiffion luy en ont été faites par Henry de Fleckenftein à qui par confequent ils apparte-noient en proprieté avant l'*Oblation* & la Damif-fion.

(k) *Les Fiefs.* Preuve que cet Acte contient deux Fiefs , & que par confequent les onze Vil-lages du *Rieth* ne font point dépendans du Fief de Benheim comme M. d'Oettinguen l'a foûtenu.

(l) Ces Fiefs étant donnez *en commun* pour en joüir *en commun l'un comme l'autre*, font inconte-ftablement *Heredit aires* , fans quoi le fils du fils , eft-à-dire , le petit fils n'y auroit pas fuccedé à

fon Ayeul.

(m) Henry de Fleckenftein ayeul , & Henry de Fleckenftein fon petit fils reçûrent les Fiefs , & devinrent pour cet effet Vaffaux du Comte d'Oettinguen , c'eft-à-dire , à caufe du *Lantgra-viat* , parce qu'ils s'étoient donnez pour être Vaffaux du Lantgraviat d'Alface.

(n) Le Comte d'Oettinguen prend toûjours la qualité de *Lantgrave d'Alface* , parce que cette *Oblation* regardoit le *Lantgraviat*.

(o) Suite des Lettres de confirmation de l'Empereur Charles IV.

(p) L'Empereur adreffe ces Lettres au *Lant-grave d'Alface*, parce que cette *Oblation* regar-doit le *Lantgraviat*.

(q) Les Fiefs dont il eft parlé dans cet Acte font donc reconnus *Hereditaires* par l'Empereur , puifqu'il enjoint d'en laiffer joüir ledit *Henry & fes héritiers* qui ne feroient point nommez dans cet Acte, fi les Fiefs n'étoient pas héréditaires.

proteger

proteger fous peine d'encourir notre difgrace, & celle de l'Empire ,
en foi & témoignage de quoy Nous leur avons accordé les prefentes
Lettres munies de nos armes Imperiales , qui ont efté données à Mayen-
ce l'an de grace mil trois cens foixante & douze, le premier Mercredy après la Fefte-Dieu , de notre regne, en qualité de Roy , le vingt-
fixléme , & en qualité d'Empereur le dix-huitiéme , fur le reply eft
écrit *per Dominum de Reditz comes de Sifenheim*, & au bas eft un Sceau
pendant à deux lacs de parchemin.

Traduit d'Allemand en françois fur l'Original , par moi fouffigné ,
Avocat & Secretaire, Interprete au Confeil Souverain d'Alface. Fait à
Colmar le 15. Septembre 1716. Signé , SIFFERT.

Signifié à Monfieur le Procureur Géneral du Roy en fon Confeil
fouverain d'Alface, nommé par Sa Majefté en fon Hoftel, parlant à
fa perfonne & à Maiftre Tournel, Procureur de Monfieur le Prince de
Rohan Intervenant, parlant à fa perfonne , le 14. May 1721. Signé ,
REGNAULT , avec paraphe.

SECONDE PIECE.

INVESTITURE *du Fief Caftrenfe de Haguenau , & autres Fiefs y
dénommez par l'Empereur Sigifmond en 1414. énonciative de la premiere invefliture accordée par l'Empereur Charles IV. produite premier Sac. F.*

NOUS SIGISMOND PAR LA GRACE DE DIEU, Roy des
Romains, toûjours Augufte, Roy d'Hongrie, Dalmatie & Croatie ,
&c. confeffons publiquement par ces Prefentes ; A tous ceux qui les
verront ou entendront lire, que notre amé & feal, & de l'Empire le
noble FRIDERIC DE FLECKENSTEIN eft venu pardevant Nous,
& Nous a fupplié humblement de conferer en Fief au noble Henry
de Fleckenftein , Seigneur de Dachftul fon pere, & à lui les Fiefs fpecifiez cy-après, relevans de Nous & de l'Empire ; fçavoir un Fief caftral , appellé en Allemand *Bourglehn*, & par les Feudiftes, *feudum caftrenfe* à Haguenau, enfemble la Cenfe de Surbourg avec fes appartenances & dépendances , & les Vignes de Minvversheim ; *Item* Le
peage de Vveiterfvillers , *Item* Un Fief caftral, autrement Bonrglehn
à Setz dans le Bourg, avec un Peage fur le Rhin, établi à Schrek du
confentement de très-haut , & très-grand Prince Robert, Roy des Romains de glorieufe memoire , notre Predeceffeur , enfemble tous les
Habitans des Cures de Sifenheim & Kavehenheim , & des Villages
qui font fituez dans lefdites Cures, appellés Rinsheim , Avenheim ,
Denckelfheim, Dalenhunden & Stackmatt, Gifenheim, Rofchvvog,
Litheim , & Forftfeld, & dans le Village de Roppenheim , *que le très-
haut & très-puiffant Prince & Seigneur Charles, Empereur des Romains
& Roy de Boheme notre très-cher pere & Seigneur de glorieufe memoire,*

avoit (a) donné en Fief à *George Henry de Fleckenstein*, à fes (b) heritiers, *fuivant fes Lettres d'investiture accordées par Sadite Majefte*, Nous ayant égard à fa très-humble priere, & aux bons & fidels fervices que ledit Henry & fes ancêtres ont rendu plufieurs fois volontairement à nos Predeceffeurs, que lui & ledit Frideric nous rendent tous les jours & à l'Empire, & qu'ils pourront & devront nous rendre à l'avenir, leur avons donné en Fief de grace les Fiefs caftraux, autrement Bourglehn, & les Fiefs fufdits, avec tous leurs droits, honneurs, profits, appartenances & dépendances, en tant que nous pouvons, & devons les leur conferer en Fief, lequel nous leur donnous de notre puiffance Royale, & fciemment par ces Prefentes, fauf notre droit, celui de l'Empire, & ceux d'autruy, fur quoy ledit Frideric nous a prêté foy & hommage, *tant pour lui que pour ledit Henry*, comme cela eft d'ufage, auquel Frideric Nous avons fait cette grace fpeciale, laquelle nous lui faifons par ces Prefentes par notre puiffance Royale, que *s'il meurt fans laiffer des enfans mâles procréez en loyal mariage, fes* (c) *Filles pourront prendre & garder les Fiefs fufdits, à charge par elles de nous donner, & à nos Succeffeurs à l'Empire, un* (d) *homme qui porte les armes pour eftre porteur des Fiefs pour lefdites Filles, & qui rende les fervices qui font dûs pour raifon defdits Fiefs*, en foy & témoignage de quoy nous leur avons accordé les Prefentes, munies de nos armes Royales, qui ont efté données à Strafbourg, l'an de grace mil quatre cens quatorze, à la fainte Margueritte, de nos regnes en qualité de Roy d'Hongrie, le vingt-huitiéme, & en qualité de Roy des Romains, le quatriéme, fur le repli eft écrit *ad mandatum Domini Regis Jean Kirehen*, & au bas eft un Sceau pendant à deux lacs de parchemin.

Traduit d'Allemand en François fur l'Original par moy fouffigné Avocat & Secretaire, Interprete au Confeil Souverain d'Alface, fait à Colmar, le 15. Octobre 1716. Signé, SIFFERT.

Signifié à Monfieur le Procureur Géneral du Roy en fon Confeil Souverain d'Alface, nommé par Sa Majefté en fon Hoftel, parlant à fa perfonne à Colmar, & à Maiftre Tournel, Procureur de Monfieur le Prince de Rohan, Intervenant, parlant à fa perfonne, ce 14. Mars 1721. Signé, REGNAULT avec paraphe.

(a) Cette premiere *inveftiture* du Fief Caftrenfe, donné en Fief à Georges Henry de Fleckenftein par l'Empereur Charles IV. ne fe trouve point, elle doit eftre anterieure à l'année 1373. *vide le memoire imprimé, page* 16. & ne peut eftre differente de celle-ci qui l'a confirmée.

(b) Ces Fiefs font *hereditaires*, puifqu'ils avoient efté donnez par Charles IV. à Georges Henry de Fleckenftein, *& à fes heritiers*.

(c) Les filles font appellées Icy *au deffaut des mâles* pour prendre & garder les Fiefs y dénommez; ainfi ou elles eftoient appellées lors de la premiere inveftirure, auquel cas le Fief eft conftamment *feminin* de fa nature, ou fi elles n'y eftoient pas appellées; elles l'ont efté dans celle-ci de 1414. par là les Fiefs font devenus *feminins* & transmiffibles aux filles au défaut de mâles.

(d) Parce que les femmes ne fçauroient rendre par elles-mêmes certains fervices feodaux; mais elles les peuvent rendre par un *Procureur* qu'elles *fubftituent* à cet effet.

TROISIE'ME PIECE.

INVESTITURE *du Fief de Haguenau, & autres Fiefs y mentionnez, entre lesquels* font le Bourg & le Village de Veiterſuillers *& dépendances par l'Empereur Sigiſmond en* 1421. *produite premier Sac.* G.

NOUS SIGISMOND PAR LA GRACE DE DIEU, Roy des Romains toûjours Augufte, Roy de Boheme, Hongrie, Dalmatie, & Croatie, &c. confeſſons & certifions à tous ceux qui ces Preſentes verront, ou entendront lire, qu'ayant égard aux bons & fideles ſervices, que notre aîné & feal & de l'Empire FRIDERIC DE FLECKENSTEIN nous a rendus & à l'Empire en differentes occaſions, & qu'il pourra & devra nous rendre à l'avenir, lui avons donné d'une grace ſpeciale les Fiefs ſpecifiez cy-après avec leurs rentes, profits, droits, appartenances & dépendances, relevans de Nous & du Saint Empire, en tant que Nous devons les lui conferer en Fief; ſçavoir un Fief appellé Bourglehn à Haguenau, dont dépend la Juſtice, la Cour, & l'Office de Prevoſt de Surbourg, avec ſes appartenances & dépendances, avec les Vignes de Minuersheim. *Item* (a) *Weytersvillers, le Bourg & le Village, avec les Sujets, la Prefecture, la Juſtice, avec toutes les appartenances & dépendances*; *Item Le Peage audit lieu*; *Item* Un Fief appellé Bourglehn à Seltz dans le Bourg avec un droit de Peage ſur le Rhin, qui eſt établi à Schreek; *Item* Tous les Habitans des Paroiſſes de Sifenheim, & Gauchenheim, & ceux des Villages qui ſont ſituez dans leſdites Paroiſſes, appellées Runsheim, Avenheim, Denckelsheim, Dalhunden & Staekmatt, Gifenheim, Roſchvvog, Litheim & Forsfeld, & dans le Village de Roppenheim, pour tenir leſdits Fiefs de Nous & du Saint Empire, & pour en jouir & ſes (b) heritiers, ſuivant les Conſtitutions feodales, ſans empêchemens quelconques, lequel Frideric ſuſdit *a preſté foy & hommage entre les mains du Sieur Louis* (c) *Comte d'Oettinguen notre Conſeiller, de vouloir nous eſtre fidel* & à l'Empire, & de faire ce qu'un Vaſſal eſt obligé de faire envers ſon Seigneur direct, le tout ſans dol ny fraude: Nous faiſons auſſi cette grace particuliere audit Frideric, que *s'il venoit à mourir ſans enfans mâles, les biens ſuſdits paſſeront avec leurs appartenances & dépendances à* (d) *ſes* FILLES, *qu'il a preſentement ou qu'il aura dans la ſuite, pour les poſſeder* (e) *& tenir de Nous & du Saint Empire, avec tous les droits, comme dit eſt cy-deſſus indiſtinctement,* ſauf

---

(a) C'eſt *la premiere inveſtiture de Veiterſvillers, le Bourg & le Village avec les ſujets, la prefecture, la Juſtice & toutes les appartenances & dépendances.*

(b) Les Fiefs dénommez dans cet Acte ſont donc *heriditaires,* puiſque l'inveſtiture y appelle les *heritiers.*

(c) Il eſtoit *Lantgrave d'Alſace,* & commis par l'Empereur pour recevoir l'hommage de Frederic de Fleckenſtein.

(d) Les *filles* ſont encore ici appellées aux Fiefs dont Frideric de Fleckenſtein eſtoit inveſti par cet Acte, donc ces Fiefs ſont *feminins.*

(e) Les *filles* ſont en droit de les poſſeder & tenir au défaut des mâles ſuivant les Conſtitutions feodales.

nos droits, ceux de l'Empire, & ceux d'autruy, en foy & témoignage de quoy Nous avons fait munir ces Préſentes de nos armes
Royales, qui ont eſté données à Preſbourg l'an de grace mil quatre
cens vingt-un le premier Jeudy après la Feſte de Saint Eraſme, de notre
tre regne d'Hongrie le trente-cinquiéme, en qualité de Roy des Romains l'onziéme, & en qualité de Roy de Boheme le premier; ſigné
ad Mandatum Regis Franciſcus Philippus Boleſcalius, & au bas ſont des
armes pendantes à deux lacs de parchemin.

Traduit d'Allemand en François ſur piece autentique. Fait à Colmar,
le 20. Mars 1717. Signé, SIFFERT.

Signifié & délivré coie à Monſieur le Procureur Géneral du Roy
en ſon Conſeil Souverain d'Alſace, nommé par Sa Majeſté en ſon Hô-
tel, ſis à Colmar, parlant à ſa perſonne, & à Maiſtre Tournel, Procureur de Monſieur le Prince de Rohan, Intervenant, parlant à ſa perſonne, ce 14. May 1721. Signé, REGNAULT, avec paraphe.

QUATRIE'ME PIECE.

INVESTITURE par Extrait *des Fiefs de Haguenau, & autres dénommez dans la precedente par l'Empereur Sigiſmond à Thierry de Fleckenſtein en* 1433. prod. premier Sac. H.

NOUS SIGISMOND PAR LA GRACE DE DIEU, Empe-
reur des Romains, &c. confeſſons & certifions à tous ceux qui ces
Preſentes verront, ou entendront lire, que notre amé & feal, & de
l'EmpireTHIERRY DE FLECKENSTEIN Nous a ſupplié de conferer de grace les Fiefs ſpecifiez ci-après, relevans de Nous & du Saint
Empire ; ſçavoir le Fief appellé Burglehn dans le Bourg de Haguenau,
&c. Item *Veiterſuillers, le Bourg & le Village, avec les Habitans, les
Prefectures, les Juſtices, & leurs dépondances*; Item *le Peage dudit lieu*;
Item un Fief, &c. & de lui donner des Lettres d'inveſtiture deſdits
Fiefs, que ſes Ancêtres avoient tenu de notre Pere l'Empereur Charles
d'heureuſe mémoire & de Nous; NOUS ayant égard à la très-humble priere, & aux bons & fidels ſervices, que les Ancêtres dudit Thierry nous ont rendu, & à nos Predeceſſeurs Empereurs, & Rois des
Romains, & à Nous, & que lui nous peut rendre & au Saint Empire?
Nous lui avons conferé ſciennement, & murement les fiefs ſuſdits, de
la même maniere que *ſes Ancêtres les ont* (a) *tenus de nos Predeceſſeurs*, & de Nous, auquel Thierry nous *confirmons* leſdites (b) Lettres
d'inveſtiture, de notre puiſſance & autorité Imperiale par ces Preſentes, autant que cela dépend de Nous pour poſſeder leſdits, fiefs & jouir
de ladite confirmation, comme ſi leſdites Lettres eſtoient *énoncées de*

(a Ils les tenoient, & on les leur avoit conferez avec la clauſe que *les filles y pourroient ſuc-*
ceder, ceſſantibus maſculis.

(b) Celles ci-deſſus où *les filles* ſont appellées.

mot

mot (c) à mot dans ces *Presentes* sans oppositions quelconques ; pour cet effet Nous mandons, &c. Donné à Basle, l'an de grace mil quatre cens trente-trois à la Toussaint, sur le repli est écrit, *ad Mandatum Domini Imperatoris Gaspard Sliek Cancellarius*, & au bas sont des armes pendantes à deux lacs de soye jaune & noire.

Traduit d'Allemand en françois sur l'Original. Fait à Colmar, le 7. Avril 1717. Signé, SIFFERT.

Signifié & donné copie à Monsieur le Procureur Géneral du Roy en son Conseil Souverain d'Alsace, parlant à sa personne, & à Maître Tournel, Procureur de Monsieur le Prince de Rohan, Intervenant, le 14. May 1721. Signé, REGNAULT, avec paraphe.

On ne transcrira point ici l'investiture de 1442. ny celles qui ont suivi, parcequ'elles n'ont point dérogé à celles ci-dessus, & n'ont point changé la qualité de ces Fiefs qui sont incontestablement *feminins*.

CINQUIE'ME PIECE.

INVESTITURE *du Fief donné en* 1373. *en augmentation du Fief Castrense de Haguenau, confirmée par l'Empereur Sigismond en* 1420. *&* 1421. prod. premier Sac E.

NOUS (a) SIGISMOND PAR LA GRACE DE DIEU, Roy des Romains toûjours Auguste, & Roy de Hongrie, Boheme, Dalmatie, Croatie, &c. confessons & faisons sçavoir publiquement par cette Lettre à tous ceux qui la verront ou entendront lire, que comme nous aurions cy-devant ratifié & gratieusement *confirmé* à notre amé & *feal*, & de l'Empire FRIDERIC DE FLECKENSTEIN, le fief *Castrense* de Haguenau avec ses appartenances, que feu le Serenissime Prince l'Empereur *Charles* notre cher Seigneur & Pere, à qui Dieu fasse misericorde, lui avoit conferé & donné, *& à ses* (b) *Ancêtres*, suivant la teneur de notredite Lettre, laquelle est cy-après inferée de mot-à-mot, dont voicy le contenu. NOUS (c) SIGISMOND par la grace de Dieu, Roy des Romains, toûjours Auguste, & Roy

---

(c) Ces termes confirment la clause en faveur des *filles* qui sont dans les investitures de 1414. & de 1421.

(a) Cette Lettre de 1421. confirme celle de 1420. qui estoit rportée par Frideric de Fleckenstein, & qui est transcrite de mot-à-mot dans celle-ci.

(b) Le Fief *Castrense* d'Haguenau avoit esté conferé à Frideric de Fleckenstein, & à *ses Ancestres* ; il a esté confirmé à ses *heritiers* ; il estoit donc hereditaire.

(c) Ce sont les Lettres de 1420.

C

de Hongrie, Boheme, Dalmatie & Croatie, &c. Confeſſons & faiſons ſçavoir publiquement par cette Lettre à tous ceux qui la verront,
ou l'entendront lire, qu'à Nous s'eſt preſenté le noble FRIDERIC
DE FLEKECNSTEIN notre amé & *feal*, & de l'*Empire* : Nous trés-
humblement ſuppliant qu'il Nous plût de grace lui ratifier & confirmer une Lettre qui avoit eſté ci-devant conferée, & donnée *à luy &
à ſes Ancêtres* par le Sereniſſime Prince & Seigneur, Monſeigneur
Charles Empereur des Romains, toûjours Auguſte, notre cher Seigneur
& *Pere*, touchant le fief *Caſtrenſe* d'Haguenau & ſes appartenances,
de laquelle Lettre la teneur s'enſuit. NOUS (d) CHARLES *par la
grace de Dieu, Empereur des Romains, toûjours Auguſte & Roy de
Boheme, confeſſons & ſçavoir faiſons publiquement par ces Lettres à tous
ceux qui la verront ou l'entendront lire, que Nous avons eu gratieuſe-
ment égard aux fideles & utiles ſervices de noble Henry le jeune de
Fleckenſtein, Officer de notre Maiſon,* (*) *notre amé & feal, qu'il Nous
a rendu & à l'Empire, qu'il rend tous les jours, & qu'il peut, & doit
encore rendre à l'avenir & pour* à NOUS *de mûre déliberation, certaine
ſcience & puiſſance Imperiale, lui avons* CONFERE' *& donné, & à
ſes* (e) *heritiers à perpetuité pour* (f) *melioration de ſon Fief Caſtrenſe
qu'il tient de Nous & de l'Empire dans le Chaſteau de Haguenau, & lui conferons,* (*) *donnons auſſi en vertu de cette Lettre tous nos* (g) *Sujets &
de l'Empire dans les Paroiſſes de* Siſenheim & Kauchenheim, *& dans
les Villages qui ſont ſituez dans leſdites Paroiſſes, nommement* Runsheim, Ovvenheim, Danckolsheim, Dalenhunden & Staekmatte,
Geyſenheim, Roſchvvag, Littheim & Fortsfeld; *& dans le Village
de* Roppenheim *avec tous les ſervices, profits & droits, que Nous
& l'Empire avions ou pourrions avoir ſur iceux, en cette maniere que
ledit de Fleckenſtein* (h) *& ſes heritiers à perpetuité devront tenir, poſſeder & recevoir de Nous & de l'Empire leſdits ſujets, profits, ſervices
& droits en qualité de Fief Caſtrenſe en la même* (i) *maniere qu'il
poſſede & tient preſentement d'autres biens & droits dépendans de
ſondit Fief Caſtrenſe de Haguenau,* (*) *ſur ce Nous ordonnons à tous
Princes Eccleſiaſtiques & Seculiers, Comtes, Barons, Officiers, Baillis,
Bourguemaiſtres, Conſeillers & Communautez des Villes; & à tous autres nos Feaux & Sujets & de l'Empire, & particulierement à notre grand*

(d) C'eſt l'inveſtiture du Fief donné en *augmentation* du Fief *Caſtrenſe* de Haguenau, par
Charles IV. à Henry de Fleckenſtein qui eſt confirmée.

(e) Ce Fief eſt donc hereditaire, puiſqu'il
fut donné à Henry & à ſes heritiers.

(f) Ou augmentation du Fief déja donné.

(g) Les Sujets de l'Empire : On ne peut
pas connoître à preſent quels ſont ces Sujets, mais
cette Lettre prouve que partie des Habitans des
onze Villages du Rieth eſtolent Sujets de l'Empereur & de l'Empire, avant & lors de cette in-

veſtiture, & que ce Fief eſt ſeparé du Fief deſdits Villages.

(h) Ce Fief eſtant donné à Henry de Fleckenſtein & à ſes heritiers à perpetuité, eſt donc
vraiement hereditaire.

(i) Le Fief Caſtrenſe eſt hereditaire, &
les filles y ſont appellées, donc le Fief compoſé des Sujets de l'Empereur & de l'Empire dans
les Villages du Rieth avec les profits, ſervices,
& droits en dépendans, donné en augmentation du Fief Caſtrenſe, eſt auſſi hereditaire &
feminin.

Bailly, & *de l'Empire en Alsace*, *aux Bourguemaistres*, *Magistrats & Bourgeois*, *généralement de la Ville de Haguenau*, & *aux autres nos Villes* & *de l'Empire en Alsace*, *présens* & *avenir*, *qu'ils ayent à ne n'empêcher ni troubler en aucune maniere ledit de Fleckenstein* & *ses* (k) *heritiers à perpetuité dans les susdits fiefs*, & *dons, sujets, service, profits* & *droits, mais les y fidelement maintenir, garder* & *proteger, autant qu'ils aimeront éviter notre severe disgrace* & *de l'Empire; en témoignage de cette Lettre scellée du sceau de Notre Majesté Imperiale, donnée à* (l) *Prague l'an après la naissance de Jesus-Christ, treize cens soixante-treize le Samedy, immediatement avant le jour de Saint Simon* & *Saint Jude, l'an vingt septiéme de nos regnes,* & *de l'Empire le dix-huitiéme.*

Sur ce (m) Nous avons eu égard aux services & fidelité que ledit Frideric a rendu & témoigné à Nous, à nos Predecesseurs & à l'Empire, qu'il rend tous les jours, & doit, & peut rendre à l'avenir, & à ces causes nous avons de mûre déliberation, bon avis & certaine science gratieusement ratifié & confirmé audit Frideric ladite *Lettre en tous ses sens, points* & *Articles*, comme elle est inserée cy-devant de *mot-à-mot*, ainsi que nous la lui ratifions, & confirmons de no e puissance Royale Romaine, en vertu de la presente Lettre, ensorte que *ladite Lettre devra à l'avenir* & *à perpetuité avoir force* & *vigueur entiere,* & *demeurer inebranlable*; en témoignage de cette Lettre, scellée du Sceau de Notre Majesté Royale, donné sur la (a) Montagne de Thuttten, l'an après la Naissance de Jesus-Christ quatorze cens vingt, le Vendredy immediatement après le jour de l'Assomption de Notre-Dame, l'an trente-quatriéme de notre regne de Hongrie, &c. du Romain le dixiéme, & de celui de Boheme le premier; (o) c'est pourquoy Nous le susdit Roy SIGISMOND en qualité de Roy de Boheme & Electeur du Saint Empire Romain, avons donné de nouveau notre entier consentement & agrément à ladite confirmation, renouvellement & ratification, comme elle est cy-devant contenue & inserée dans notredite Lettre *en tous ses points* & *articles*, ainsi que nous y donnons notre consentement & agrément en vertu de notre presente Lettre, en témoignage de cette Lettre scellée du Sceau de Notre Majesté Royale. DONNE' à Presbourg, l'an après la Naissance de Jesus Christ quatorze cens vingt-un le Jeudy, immediatement après le jour de Saint Erasme, l'an de nos regnes, sçavoir de celui de Hongrie le trente-cinquiéme, du Romain le onziéme, & de Boheme le premier, & sur le repli est écrit, *ad Mandatum Domini Regis Franciscus Boleslatirus* avec paraphe, & scellé du Sceau.

(k) Les heritiers à perpetuité estant appellez dans l'investiture, le Fief est incontestablement hereditaire.

(l) Datte de l'investiture du Fief composé des sujets de l'Empereur & de l'Empire; c'est la premiere qui ait esté faite de ce Fief.

(m) Confirmation des premieres Lettres de confirmation de 1410.

(n) Datte de la premiere Lettre de confirmation.

(o) Continuation des secondes Lettres de confirmation de l'investiture qui y est transcrite.

Imperial en cire blanche, attaché à une double queue de parchemin.

Traduit d'Allemand en françois sur son Original en parchemin,
signé & scellé, comme dit est ci-dessus, à l'instant, rendu par le
Soussigné Avocat & Secretaire, Interprete au Conseil Souverain
d'Alsace. Fait à Strasbourg le vingt-deux Septembre 1722. Signé, VVIL-
LEMAUN, avec paraphe.

TROIS PIECES

Concernant la seconde Classe.

PREMIERE PIECE.

INVESTITURE *du Fief de Fleckenstein, & autres, accordée par l'Empereur Sigismond à Henry de Fleckenstein, & à ses Cousins en 1422.
prod. premier Sac.O.*

NOUS SIGISMOND PAR LA GRACE DE DIEU, Roy des
Romains, toûjours Auguste, Roy d'Hongrie, de Boheme, de
Dalmatie & de Croatie, confessons publiquement par ces Presentes
qu'il s'est presenté devant Nous notre amé & feal, & de l'Empire le
noble HENRY DE FLECKENSTEIN, lequel Nous a supplié de luy
conferer (a) en fief, comme aussi à Jean & à Frideric de Fleckenstein (b) ses Cousins, les fiefs specifiez ci-après, relevans de (c) Nous
& de l'Empire ; sçavoir *Fleckenstein, le Bourg & la Montagne, sur
laquelle ledit Bourg est situé :* Item, la quatriéme partie du Bourg d'Honembourg, de tous les deux du vieux & du nouveau, avec toutes les
appartenances & dépendances, *Item* la Jurisdiction appellée Obristrogley & la Haute Justice du Village de Surbourg, avec tous les
droits, appartenances & dépendances, *Item* la Jurisdiction appellée
Obristrogley & la Haute-Justice du Village de Gunstett, avec tous
les droits, appartenances & dépendances, du costé où les Messieurs

---

(*a*) L'Empereur *confere ce Fief* à Henry de
Fleckenstein & à ses Cousins ; c'est la premiere
investiture, les biens y specifiez estoient *allodiaux*, puisqu'il n'est prouvé par aucune investiture precedente qu'ils fussent *feodaux*, loin de ce,
la Terre de Fleckenstein estoit quatre Siécles
auparavant dans la famille ; car dès le dixiéme
Siécle il y avoit des Seigneurs de Fleckenstein,
par consequent ce Fief doit estre raputé *oblat*,
en tout cas cette piece prouve incontestablement
qu'il est *feminin & hereditaire*, & par consequent transmissible aux *filles* au deffaut des
mâles.

(*b*) Les *Cousins* de Henry de Fleckenstein
sont appellez à ces Fiefs, ils sont donc véritablement *hereditaires*, & il y en avoit une raison in-
vincible, les biens y specifiez estoient presumez
allodiaux, on ne raporte rien qui puisse détruire
cette presomption.

(*c*) Ces Fiefs relevoient de l'Empereur, &
de l'Empire, au moyen de cette investiture, &
il n'y a rien au Procez qui établisse qu'ils en relevoient auparavant.

de Surbourg ont droit d'eſtablir un Prevoſt. *Item* la Juriſdiction appellee Obriſtrogley & la Haute Juſtice du Village d'Oberkulzenhauſen, avec tous leurs droits, appartenances & dépendances; *Item* la Juriſdiction appellée Obriſtrogley, *& la Haute-Juſtice des Villages de Niderruden, Oberlauterbach, Eberbach, Wintzenbach & Krettvuiller,* *avec tous leurs droits, appartenances & dépendances;* *Item*, le Village de Mulhofen, avec les Habitans, Juſtice, Ban, Bois, Rivieres, Pâturages, droits, appartenances; Nous ayant égard à la très humble priere dudit Henry, comme auſſi aux bons & fideles ſervices, que lui & *ſeſdits Couſins* nous ont pluſieurs fois rendu volontairement & à l'Empire, & qu'ils doivent & pourront nous rendre à l'avenir, leur donnons en fief les fiefs ſuſdits avec leurs droits, rentes, revenus, appartenances & dépendances, en tant que nous devons les leur donner en fief de droit, pour en jouir à l'avenir, & les tenir (a) en fief de Nous & de l'Empire, ſuivant les Conſtitutions feodales, ſans empêchement ny oppoſition quelconque, ſauf notre droit, celuy de l'Empire & autruy, ſur quoy ledit Henry nous a preſté foy & hommage, tant en ſon nom qu'en celui de Frideric, & Jean *ſes Couſins,* de vouloir nous eſtre fidele & à l'Empire, & de faire ce que les Vaſſaux ſont obligez de faire envers leurs Seigneurs directs, le tout ſans dol ny fraude : *Nous leur avons auſſi fait cette* (e) *grace ſpeciale, laquelle nous leur faiſons par ces Preſentes, que s'ils meurent ſans enfans mâles, les fiefs juſdits paſſeront à leurs filles, qu'ils auront pour lors, avec condition qu'elles nous donnent un homme qui nous en rende les ſervices & à l'Empire,* ce que nous leur accordons par ces preſentes Lettres qui ont eſté munies de nos armes Royales, qui ont eſté données à Nuremberg, l'an de grace mil quatre cens vingt-deux, le premier Mardy après la Saint Jacques, de nos regnes en qualité de Roy d'Hongrie, le trente-ſixiéme, en qualité de Roy de Boheme, le douziéme, ſur le reply eſt écrit, de Vveinſperg Michel Beleſtamen, & au bas eſt un Sceau pendant à deux lacs de parchemin.

Traduit d'Allemand en françois ſur l'Original, par moy ſouſſigné Avocat & Secretaire, Interprete au Conſeil Souverain d'Alſace. Fait à Colmar, ce douze Septembre mil ſept cens ſeize. Signé, SIFFERT.

Signifié à Monſieur le Procureur Géneral du Roy en ſon Conſeil Souverain d'Alſace, nommé par Sa Majeſté en ſon Hoſtel, parlant à ſa perſonne, & à Maiſtre Tournel, Procureur de Monſieur le Prince de Rohan, parlant à ſa perſonne, le quatorze de May mil ſept cens vingt-un. Signé, REGNAULT, avec paraphe.

(a) Henry de Fleckenſtein & ſes Couſins doivent jouir de ces Fiefs *à l'avenir*, en *Fief de droit* de l'Empereur & de l'Empire : on ne dit pas *pour en jouir comme leurs Predeceſſeurs*, parce que ces biens n'étoient point *feodaux*, & ne le ſont devenus que par cette *inveſtiture*.

(e) Les *filles* y ſont appellées *ceſſantibus maſculis*, avec condition qu'elles donneront *un homme pour ſervir les Fiefs* ; par conſequent ces Fiefs ſont *feminins* & transmiſſibles aux filles *au defaut* d'hoirs mâles.

D

SECONDE PIECE.

Investiture des Fiefs exprimez dans la precedente, accordée par l'Empereur Frideric à Henry de Fleckenstein & à ses Cousins en 1442. prod. premier Sac. P.

Nous Frideric par la grace de Dieu, Roy dès Romains, toûjours Auguste, Duc d'Autriche, Stirie, Carinthie, & Carniole, Comte de Tirol, confessons, & sçavoir faisons par ces Presentes : A tous ceux qui les verront & les entendront lire, que notre amé & feal & l'Empire le noble Henry de Fleckenstein, &c. *Donné* à Francfort, l'an de grace mil quatre cens quarante-deux, le premier Samedy après la Sainte Margueritte, de notre Regne le troisiéme, *ad Mandatum Domini regis Jacobus de Lyns Doctor*, & au bas est un Sceau pendant à deux lacs de parchemin.

Traduit d'Allemand en françois par le Sieur *Siffert* le 18. Septembre 1716

Signifié à Monsieur le Procureur Général du Conseil Superieur de Colmar, & au Procureur de Monsieur le Prince de Rohan, le 14. May 1721.

Nota. On a crû qu'il estoit inutile de transcrire au long cette piece ; elle est en tout semblable à la precedente, mêmes noms, mêmes Fiefs, mêmes clauses : les filles y sont appellées comme dans celle de 1421. sans aucune difference.

Elles confirment par consequent la *feminité* de ces Fiefs.

TROISIEME PIECE.

Investiture de ces mêmes Fiefs, accordez par l'Empereur Frideric, à Jean de Fleckenstein, tant pour lui que pour ses Cousins en 1461. produite premier Sac. Q.

Nous Frideric par la Grace de Dieu, Empereur des Romains, toûjours Auguste, Roy d'Hongrie, de Dalmatie, Croatie, Duc d'Autriche, Stirie, Carinthie & Carniole, Comte de Tirol, confessons & certifions à tous qu'il appartiendra par ces Presentes, que notre amé & féal de l'Empire JEAN DE FLECKENSTEIN Nous a supplié de lui *conferer en fief*, comme à (a) *l'aîné, tant pour lui que pour Jacques & Frederic de Fleckenstein freres, ses* (b) *Cousins*, les biens specifiez ci-après, sçavoir *Fleckenstein, le Bourg, la Montagne sur laquelle ledit Bourg est situé*: Item la quatriéme partie du Bourg d'Honembourg, de tous les deux du vieux & du nouveau; *Item* la Jurisdiction appellée Obristrogley, & la Haute-Justice du Village de Gunstett, du costé où les Messieurs de Surbourg ont droit de nommer un Prevost; *Item* la Jurisdiction appellée Obristrogley, avec *la Haute Justice des Villages de Niderroden, Oberlauterbach, Eberbach, Vvintzenback & Kretvviller; Item* le Village de Mulhofen, avec les Habitans, les Justices, les Bans, les Bois, les Rivieres, les Pâturages & Revenus, le tout & chacun avec ses droits, profits, appartenances & dépendances; iceux fiefs estant échûs (c) *hereditairement par le décès de feu Henry de Fleckenstein*, qu'ils avoient ci-devant comme *l'aîné & porteur de fiefs*, tenus de Nous & de l'Empire, Nous ayant égard à la très-humble priere dudit Jean de Fleckenstein, lui donnons *en fief* les biens susdits, comme *à l'aîné, tant pour lui, pour lesdits Jacques & Frideric de Fleckenstein ses Cousins* (d) *en commun* avec tous leurs droits, profits, appartenances & dépendances, lesquels Nous leur conferons sciemment par ces Presentes, en tant que nous devons & pouvons leur donner de droit pour en jouir à l'avenir, & les tenir en fief de Nous & du Saint Empire sans opposition ny empêchement quelconque, sauf notre droit, celui de l'Empereur, & ceux d'autruy, sur quoy ledit Jean de Fleckenstein nous a presté foy & hommage à l'ordinaire, *tant pour lui que pour sesdits Cousins* de vouloir nous estre fidele & à l'Empire, & de faire ce que des Vassaux sont obligez de faire envers le Seigneur, le tout sans dol ny fraude, comme nous avions ci-devant fait cette grace (e) ausdits de Fleckenstein en qualité de Roy, suivant les Lettres que nous leur en avons accordées, que *s'ils venoient à mourir sans laißer des enfans mâles, lesdits fiefs paßeroient à leurs filles, qu'ils auroient alors, à condition neanmoins qu'elles nous donneroient un homme & à l'Empire pour faire les services qui sont dûs pour raison desdits fiefs*: Nous leur confirmons de grace en qualité d'Empereur Romain la grace susdite, laquelle Nous leur confirmons par ces Presentes qui ont esté munies de nos armes imperiales pour cet effet, DONNÉES à Gratz le Ven-

---

(a) Jean de Fleckenstein demande que les Fiefs lui soient conferez comme à *l'aîné*, les Fiefs étoient donc *hereditaires*.

(b) Il les demande, *tant pour luy que pour Jacques & Frideric de Fleckenstein freres, ses Cousins*, les Sieurs de Fleckenstein en jouissoient donc en commun.

(c) Ces Fiefs étant, dit l'Acte, échûs *hereditairement* à Jean par le décès de Henry qui les avoit auparavant comme *aîné*; ces Fiefs sont donc *hereditaires*.

(d) Ces Fiefs étoient *jouis en commun*, & sont par consequent *hereditaires*.

(e) Les *filles* sont icy appellées à ces Fiefs *au deffaut d'hoirs masles*, comme elles l'avoient été par les deux precedentes investitures: On ne s'est donc pas contenté d'appeller les filles des premiers investis, mais celles de ceux qui ont succedé à ces premiers, par consequent les *filles* sont appellées *à l'infini* à ces Fiefs *au deffaut d'hoirs masles.*

dredy après la Saint Barthelemy l'Evêque, l'an de grace mil quatre cens soixante-un, & de nos regnes en qualité de Roy des Romains le vingt-deuxiéme, en qualité d'Empereur le dixiéme, & en qualité de Roy de Hongrie le troisiéme; signé sur le repli *ad Mandatum Domini Imperatoris Ulricus Vveetzli Cancellarius*, & au bas est un Sceau pendant à deux lacs de Parchemin.

Traduit d'Allemand en françois sur l'Original, par moy soussigné Avocat & Secretaire, Interprete au Conseil Souverain d'Alsace. Fait à Colmar, le quinze Septembre mil sept cens seize. Signé, SIFFERT.

Signifié & délivré copie à Monsieur le Procureur Géneral du Roy en son Conseil Souverain d'Alsace, nommé par Sa Majesté, parlant à sa personne, & à Maistre Tournel Procureur de Monsieur le Prince de Rohan, parlant à sa personne, le 14. May 1721. Signé REGNAULT, avec paraphe.

TROISIE'ME CLASSE.

PIECE UNIQUE

INVESTITURE *du fief à Barr, accordée par l'Empereur Leopold à Henry-Jacques de Fleckenstein, le 30. Mars 1676. produite premier Sac. A A.*

NOUS LEPOLD PAR LA GRACE DE DIEU, élû Empereur des Romains, toûjours Auguste, Roy de Germanie, Hongrie, Boheme, Dalmatie Croatie, & Esclavonie, Archiduc d'Autriche, Duc de Bourgogne, Stirie, Carinthie, Carniole & Wurtemberg, Comte de Tyrol, &c. déclarons & sçavoir faisons à tous par ces Presentes, que comme notre & du Saint Empire cher & fidele HENRY-JACQUES DE FLECKENSTEIN nous a très-humblement supplié à ce qu'il nous plût lui *conferer de nouveau en fief*, suivant les anciennes Lettres d'investiture precedentes : les deux Cours situées à Barr, appellées Loppending & Schvvedinghoff, lesquelles par le décès de deffunt Walther de Didenheim, qui est mort sans avoir laissé des heritiers procréés de son corps, capables *de succeder aux fiefs*, sont (a) retombez & devenus ouverts, à Nous & au Saint Empire, & que nous les avons (b) *donnez* de nouveau en fief à notre Conseiller Aulique le cher & fidel *Jean-Jacques de Goppodt*, lequel cependant par ses raisons importantes les a (c) VENDUS, & même POUR UN FIEF

(*a*) Ce Fief qui étoit reversible au deffaut des mâles, étoit retourné à l'Empereur par le décès du Sieur Walther de Dindenheim, dernier Possesseur, mort sans hoirs, capable de succeder aux Fiefs.

(*b*) L'Empereur *donna* ce Fief au Sieur de Goppodt.

(*c*) Qui le vendit *du consentement de l'Empereur* à Henry de Fleckenstein, cette *vente* changea de nature ce Fief, qui par là devint *hereditaire*

HEREDITAIRE.

(d) HEREDITAIRE audit Jacques Henry de Fleckenstein, *après avoir obtenu notre* (e) *consentement Imperial*, comme Seigneur direct, en datte du septiéme du mois de Septembre mil six cens soixante & dix, & ayant égard à la très-humble priere dudit de Fleckenstein, comme aussi aux agreables, fidels & prompts services, que lui & ses Ancestres ont rendu à Nous & au Saint Empire, & qu'il offre, peut & doit bien aussi rendre à l'avenir: Nous avons d'une mûre delibe_ration, bon conseil, & certaine science, donné gratieusement *en fief* (f) *hereditaire* audit Henry-Jacques de Fleckenstein les susdits Koppendin & Schvvedinghoff avec leurs franchises, droits, rentes & revenus en dependans, & les lui donnons aussi sciemment par ces presentes, autant que nous lui en pouvons & devons donner de droit & d'équité pour par lui (g) les tenir & posseder de Nous & du Saint Empire, & en jouir *à titre du fief hereditaire*, sans empêchement quelconque, neanmoins sans prejudice à Nous, au Saint Empire & à tout autre en ses droits, lequel Henry-Jacques de Fleckenstein, en consequence de ce Nous a aussi presté le serment ordinaire par son Procureur notre & du Saint Empire cher & féal Jean Bernard Hausser, Agent en notre Cour Imperiale, en vertu de la Procuration qu'il a produit d'estre féal obéissant, & affectionné, de servir & faire à Nous & au Saint Empire, pour raison desdits fiefs fidelement, & sans fraude, en foy des Presentes scellées de notre Sceau Imperial pendant, données en notre Ville de Vienne le trentiéme du mois de Mars l'an de grace mil six cens soixante-seize, & de nos regnes d'Empereur des Romains le dix-huitiéme, de Roy d'Hongrie le vingt-uniéme, & de Boheme le vingtiéme, signé LEOPOLD, avec paraphe, & plus bas VF LEOPOLD GUILLAUME Comte de Konigseg avec paraphe, & sur le repli, *ad Mandatum sacra Cæsarea Majestatis proprium Guillaume Schreder* avec paraphe, & scellé d'un sceau en cire rouge pendant par des lacs de soye noire & jaune, & en Boëte, & au dos est écrit ce qui ensuit. Lettre d'investiture de Sa Majesté Imperialle pour le Koppending & Schvvedinhoff; à Barr, de l'année mil six cens soixante & seize, registrées & collationnées. Signé, Jo EISLSENMANN Registrateur C. No. 13. Boëte 2.

Traduit d'Allemand en langue françoise, d'une Lettre écrite sur du Parchemin, signée & scellée, comme dit est cy-dessus, & icelle aussi signée & paraphée par moy soussigné, Avocat & Secretaire, Inter-

---

(d) Ce terme est décisif. Le Fief ayant été acheté étoit un Fief *hereditaire*, mais pour en assurer davantage la nature, l'Empereur dans cet Acte reconnoît qu'il a été *vendu hereditaire*, & il en investit Henry de Fleckenstein acheteur, comme d'un *Fief hereditaire*.

(e) Ce consentement de l'Empereur determine le Fief véritablement hereditaire, il avoit été rendu comme hereditaire, la vente en fut faite du consentement de l'Empereur, il est donc hors de doute qu'il est hereditaire.

(f) Le Fief est donc Fief hereditaire, & ce fait ne peut être contesté.

(g) Quoique l'Investiture ne paroisse estre que paur lui, & que ses heritiers n'y soient pas dé_nommez; cependant le Fief étant conferé en Fief hereditaire, il est hors de doute que ses heritiers & les heritiers de ses heritiers, de quelque sexe que ce puisse être, y sont appellées.

prete au Conseil Souverain d'Alsace : Fait à Colmar, le 17. Aoust 1716. Signé, J G. Muller avec paraphe.

Signifié à Monsieur le Procureur Géneral du Roy en son Conseil Souverain d'Alsace, nommé par Sa Majesté en son Hostel, sis à Colmar, parlant à sa Personne & à Maistre Tournel Procureur de Monsieur le Prince de Rohan, parlant à sa personne, ce quatorze May mil sept cens ving un. Signé, Regnault avec paraphe.

Les heritiers Fleckenstein n'ont pas crû devoir faire imprimer d'autres titres, parce que ce ne sont que les repetitions de ceux ci-dessus, où ils ne contiennent que des clauses génerales, qui ne changent rien aux investitures anterieures, lesquelles doivent estre les veritables fondemens sur lesquels la contestation doit estre décidée.

Monsieur D'ANGERVILLIERS, Conseiller d'Etat, Rapporteur.

Messieurs { LE PELLETIER DES FORTS. DE COURSON D'ORMESSON & DE GAUMONT. } Conseillers d'Etat Commissaires.

Me BAIZE Avocat.